Impressum
Verlag: BABADADA GmbH, Nedderfeld 112 , 22529 Hamburg
Geschäftsführer / Verlagsleitung: Harald Hof
Druck: Books on Demand GmbH, In de Tarpen 42, 22848 Norderstedt

Imprint
Publisher: BABADADA GmbH, Nedderfeld 112 , 22529 Hamburg, Germany
Managing Director / Publishing direction: Harald Hof
Print: Books on Demand GmbH, In de Tarpen 42, 22848 Norderstedt

ishure
classe

kugabura
dividir

$186/2$

urubaho
tauler

ikibuga c' ishure
pati (de l'escola)

umwigisha
professor

urukaratasi
paper

kwandika
escriure

ikaramu
estilogràfica

yo kwandikirako
escriptori

agacamurongo
regle

igitabo
llibre

umunyeshure
estudiant

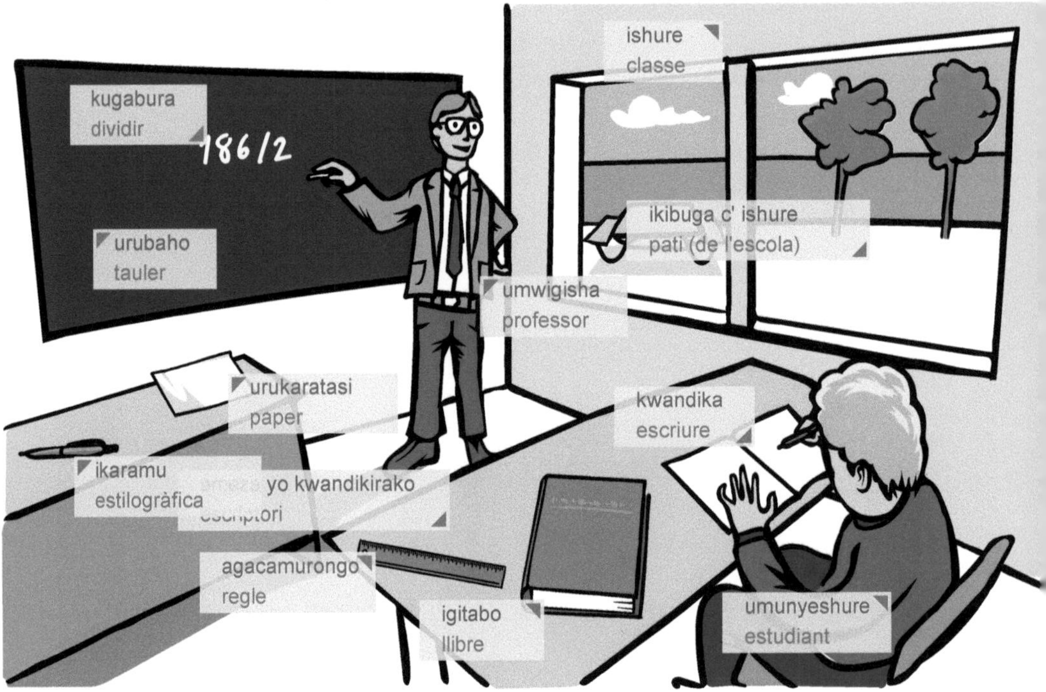

isakoshi y'' ishure

bossa

agasaho k' amakaramu

estoig

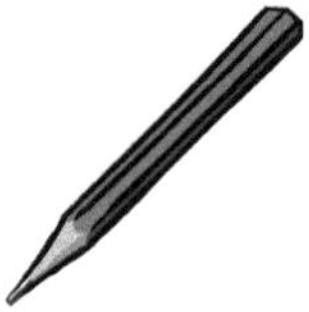

ikaramu y igiti

llapis

agasongozo k ikaramu y
igiti

maquineta de fer punta

igome

goma

ikaye yo gucapamwo

bloc de dibuix

igicapo

dibuix

ikaramu bacapisha irangi

pinzell

agasandugu kamabara

capsa de pintures

imikasi

tisores

kore

cola

ikaye y' imyimenyerezo

quadern d'exercicis

imyimenyerezo yo muhira

deures

igiharuro

nombre

guteranya

afegir

gukuramwo

sostreure

kugwiza

multiplicar

guharura

calcular

urudome

lletra

indome

alfabet

ijambo

mot

igisomwa

text

gusoma

llegir

ingwa

guix

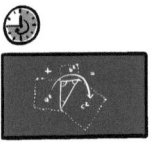

icigwa

lliçó

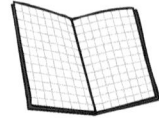

igitabo c' ishure

llibre de classe

ikibazo

examen

impamyabushobozi

certificat

impuzu y' ishure

uniforme escolar

kwiga

formació

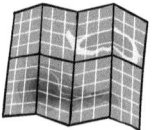

kazinduzi

enciclopèdia

kaminuza

universitat

mikorosikopi

microscopi

ikarata

mapa

agaseke bajugunyamo amakaratasi

paperera

urugendo
viatge

ihoteli
hotel
Grand
ihoteli ntoya
alberg
ROOMS
ku bavunjayi
oficina de canvi
CHANGE
isandugu
maleta
umuduga
automòbil

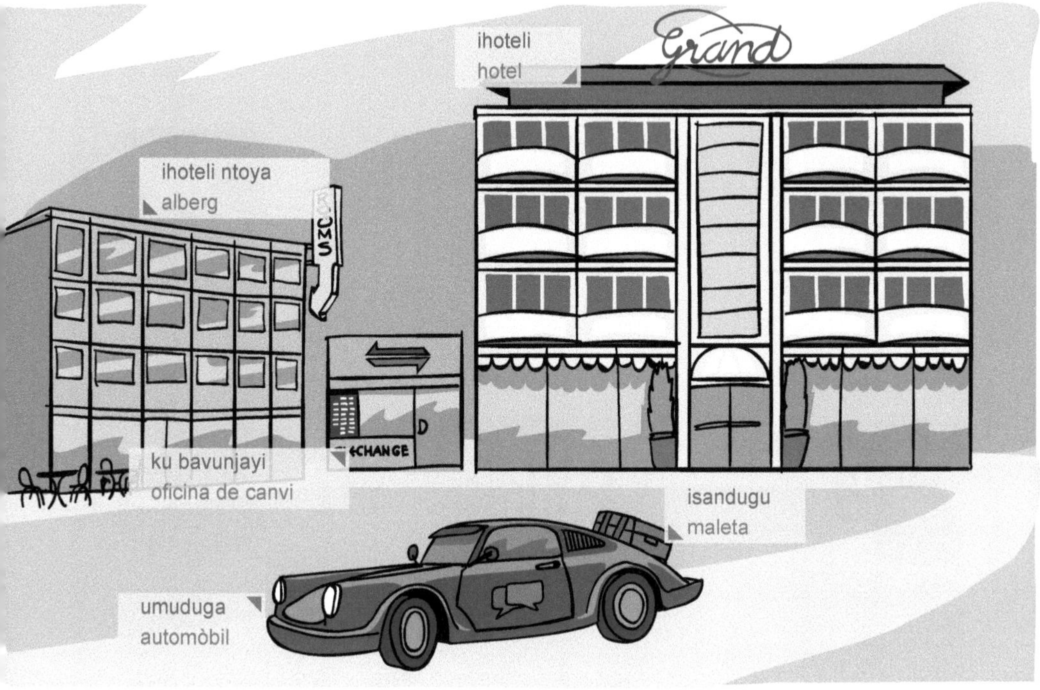

ururimi

llengua

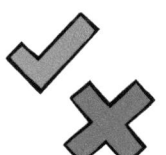

ego / oya

sí / no

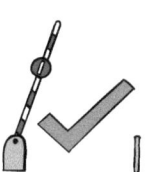

ego

D'acord

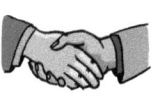

amahoro!

Ey!

umuntu asigura

traductora

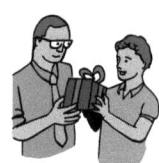

ndashimye

gràcies

ni angahe?

Quant costa... ?

sindabitahura

No entenc

ingorane

problema

mwiriwe!

Bona nit!

mwaramutse

bon dia!

ijoro ryiza!

bona nit!

nakagaruka

fins aviat

inzira

direcció

imizigo

bagatge

igapo

bossa

isaho baheka mu mugongo

sarrona

umushitsi

convidat

icumba

cambra

umufuko wo kuraramo mu rugendo

sac de dormir

ihema

tenda

kumenyesha ingenzi

oficina de turisme

ku musenyi

platja

ikarata y' amahera

carta de crèdit

ifunguro rya mugatondo

esmorzar

ifunguro ryo ku murango

dinar

ifunguro ry 'ijoro

sopar

itike

bitllet

ingazi y' umuyagankuba

ascensor

umukono

segell

umupaka

frontera

duwane

duana

ubuserukizi bw' igihugu

ambaixada

viza

visat

pasiporo

passaport

gutwara abantu n' ibintu

transport

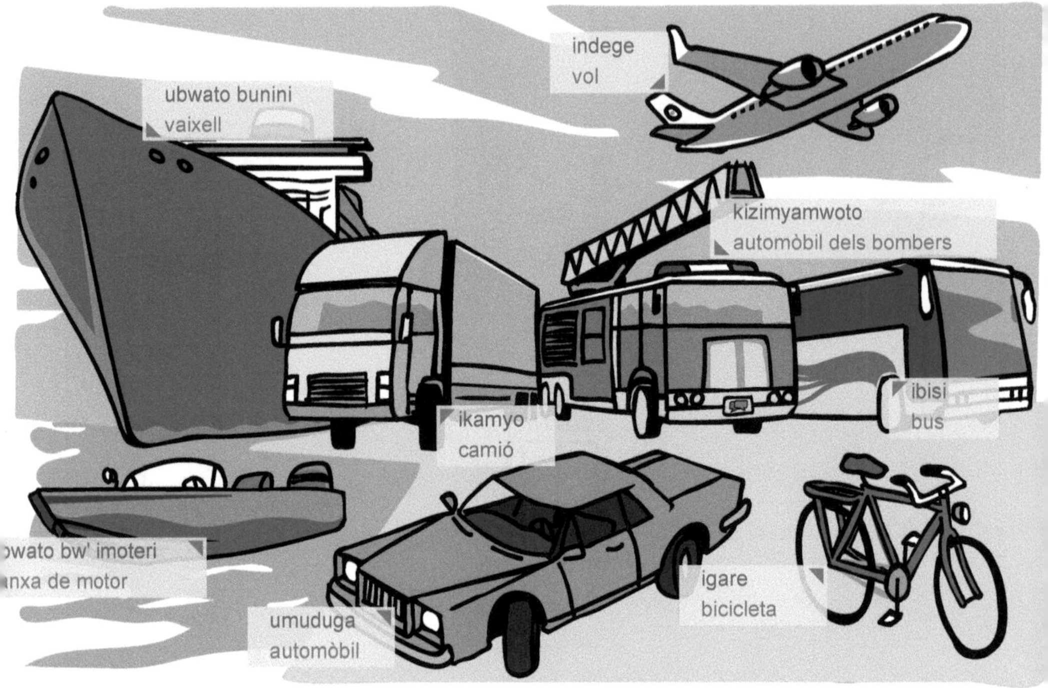
indege
vol
ubwato bunini
vaixell
kizimyamwoto
automòbil dels bombers
ibisi
bus
ikamyo
camió
wato bw' imoteri
nxa de motor
igare
bicicleta
umuduga
automòbil

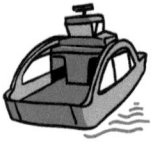

ubwato bunini

transbordador

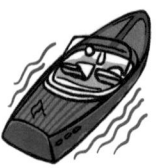

ubwato

barca

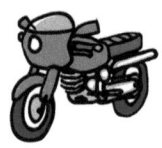

ipikipiki

moto

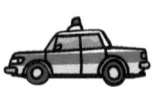

umuduga w' igipolisi

automòbil de policia

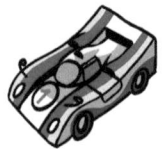

umuduga wa kuruse

automòbil de curses

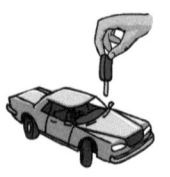

umuduga bakodesha

automòbil de lloguer

gukoresha imodoka imwe
muri benshi

vehicle compartit

uruduga ruheka izindi

grua

umuduga utwara umucafu

camió de les escombraries

imoteri

motor

igitoro

benzina

ubunywero bw'ibitoro

benzineria

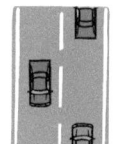
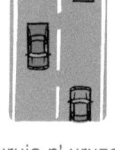

ibirango vyo ku mabarabara

senyal de trànsit

uruja n' uruza

trànsit

akajagari k' imiduga mw'
ibarabara

embús

igituro c' imiduga

aparcament

igituro ca gari ya moshi

estació de trens

ibarabara rya gari ya moshi

vies

gari ya moshi

tren

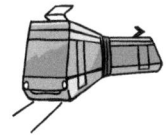

gari ya moshi bita tram

tramvia

igipande ca gari ya moshi

vagó

kajugujugu

helicòpter

ikibuga c' indege

aeroport

umunara

torre

ingenzi

passatger

konteneri

contenidor

ikarato

capsa de cartó

isharete

carretó

icibo

cistella

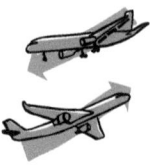

kuguruka / kugwa

enlairar-se / aterrar

igisagara

ciutat

umutumba

poble

hagati mu gisagara

centre de la ciutat

inzu

casa

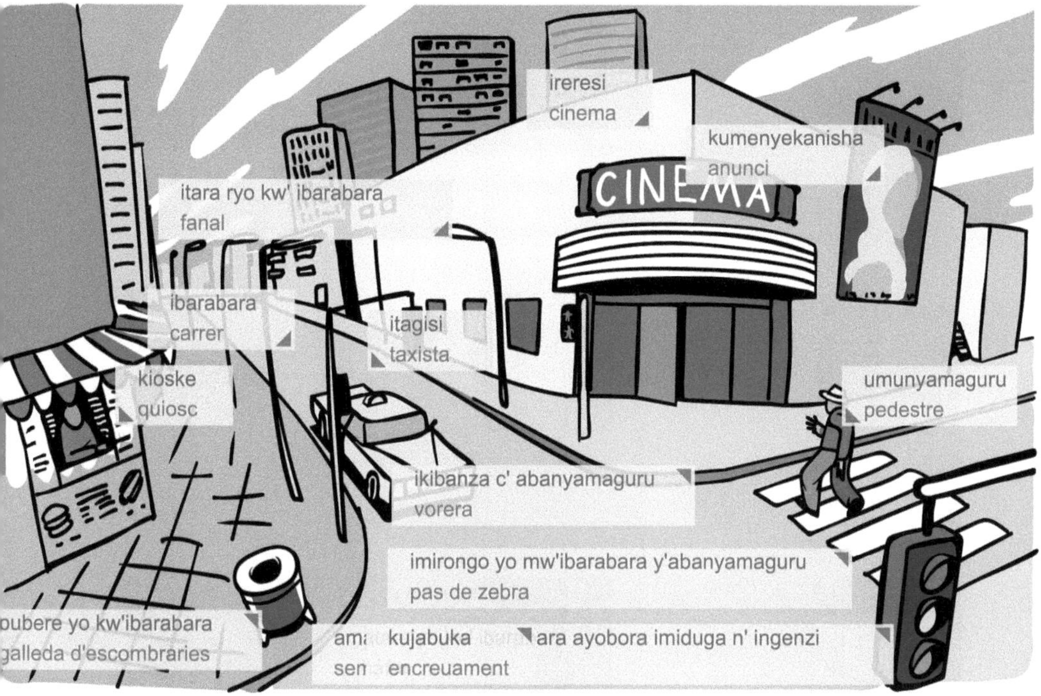

ir
ireresi
cinema

kumenyekanisha
anunci

itara ryo kw' ibarabara
fanal

CINEMA

ibarabara
carrer

itagisi
taxista

kioske
quiosc

umunyamaguru
pedestre

ikibanza c' abanyamaguru
vorera

imirongo yo mw'ibarabara y'abanyamaguru
pas de zebra

oubere yo kw'ibarabara
galleda d'escombraries

ama kujabuka ara ayobora imiduga n' ingenzi
sen encreuament

akazu k' ikirundi
....
cabana

aparitema
....
apartament

igituro ca gari ya moshi
....
estació de trens

meri
....
casa de la vila-ciutat

iratiro ry' ivyakera
....
museu

ikigo c' amashure
....
escola

kaminuza

universitat

ibanki

banca

ibitaro

hospital

ihoteli

hotel

farumasi

farmàcia

ibiro

oficina

aho badandaza ibitabo

llibreria

akaduka

botiga

umudandaza w'amashugwe

floristeria

supermarshe

supermercat

isoko

mercat

iduka

gran magatzem

umudandaza w' amafi

peixateria

ihuriro ry'amaduka

centre comercial

ikivuko

port

ikibanza batemberamwo

parc

intebe ndende

banc

ikiraro

pont

ingazi

escala

gari ya moshi bita métro

metro

ibarara ry' indani y' isi

túnel

igituro c' amabisi

parada d'autobús

ubunywero

bar

resitora

restaurant

ahaja amakete

bústia de correu

ikirango co kw' ibarabara

senyal indicador

isaha yo ku gituro c' imiduga

parquímetre

iratiro ry' ibikoko

zoo

pisine

piscina

umusigiti

mesquita

ubwororero
granja

konona ibidukikije
pol·lució

akaburi
cementiri

kw'isengero
església

ikibuga
parc infantil

inyubako za kera bita temple
temple

imisozi
paisatge

ikibabi
fulla

ivyapa
cartell indicador

inzira
camí

ubwatsi bita gazon
prat

ibuye
pedra

umuntu atembera kure n' amaguru
excursionista

igiti
arbre

uruzi
riu

ubwatsi
gespa

ishugwe
flor

ikiyaya

vall

umusozi

muntanya

ikiyaga

llac

ishamba

bosc

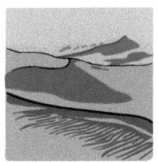

ubugaragwa

desert

ikirunga

volcà

ishato

castell

umunywamazi

arc de Sant Martí

ikizinu

bolet

ikigazi

palmera

umubu

moscard

isazi

mosca

urutozi

formiga

uruyuki

abella

igitangurigwa

aranya

agakoko gato bita
coléoptère
································
escarabat

igikere
································
granota

agakoko bita écureuil
················
esquirol

ikinyogote
················
eriçó

urukwavu
················
llebre

igihuna
················
òliba

inyoni
················
ocell

imbata
················
cigne

ingurube y' ishamba
················
senglar

idubu
················
cervo

igikoko bita élan
················
ant

urugomero
················
presa

icuma gitanga
umuyagankuba
················
turbina

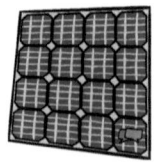

ikimuri c' imishwarara
················
panell solar

igihe
················
clima

resitora
restaurant

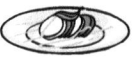

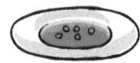

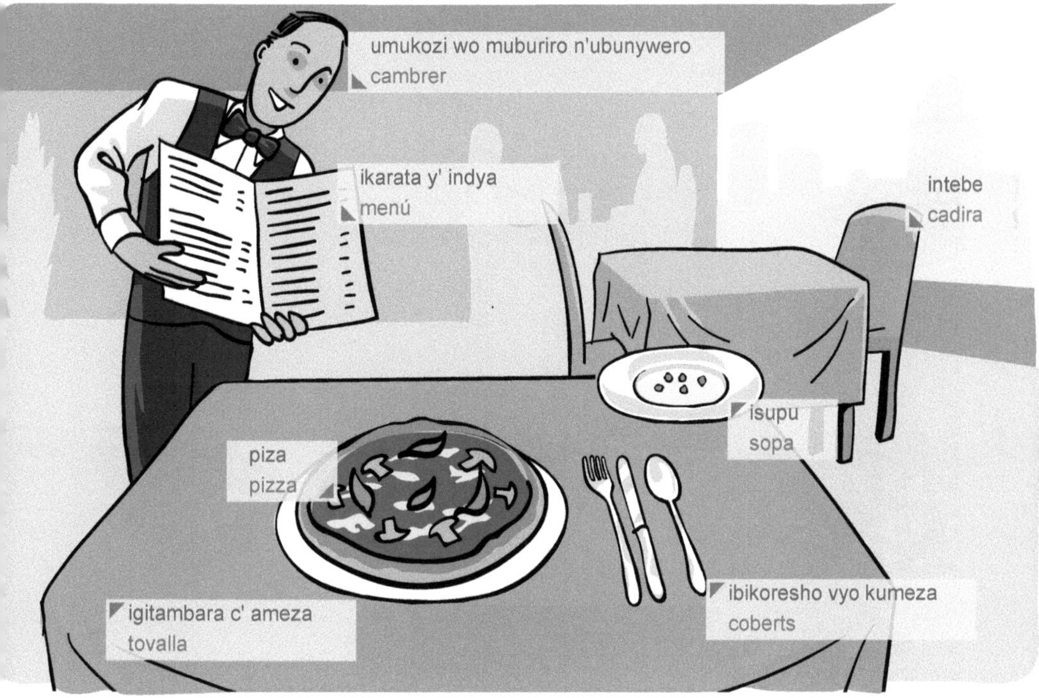
umukozi wo muburiro n'ubunywero
cambrer
ikarata y' indya
menú
intebe
cadira
isupu
sopa
piza
pizza
igitambara c' ameza
tovalla
ibikoresho vyo kumeza
coberts

indya y' ibanze

primer plat

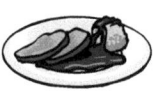

indya nkuru

plat principal

deseri

darreries

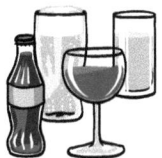

inyobwa

begudes

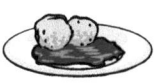

infungugwa

menjar

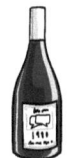

icupa

ampolla

infungugwa batekanye ingoga

menjar ràpid

Infungugwa barya bagenda

menjar de carrer

ibirika y' icayi

tetera

agakopo k' isukari

sucrer

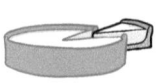

igipande c' indya

porció

imachini ikora espresso

màquina d'espresso

intebe ndende

trona

inyemazabuguzi

factura

ako batwarako infungugwa

plata

imbugita yo kumeza

ganivet

ikanya

forqueta

ikiyiko

cullera

akayiko k' icayi

cullereta

seriviyeti

tovalló

ikirahuri

got

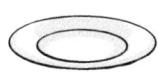

isahani

plat

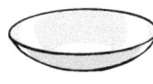

isahani y' isupu

plat de sopa

isutasi

plateret

isosi

salsa

akanyanyagiza umunyu ku ndya

saler

agasya ipiripiri

molinet de pebre

vinaigre

vinagre

amavuta

oli

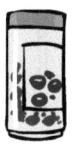

indyoshandya

espècies

kecapu

quètxup

mutaride

mostassa

mayoneze

maionesa

supermarshe
supermercat

ivyagabanyijwe igiciro
oferta especial
umuguzi
client
ibiva ku mata
productes lactis
agakinga ko mw' iduka
carret de la compra
icamwa
fruites
FOR

BUTCHERS

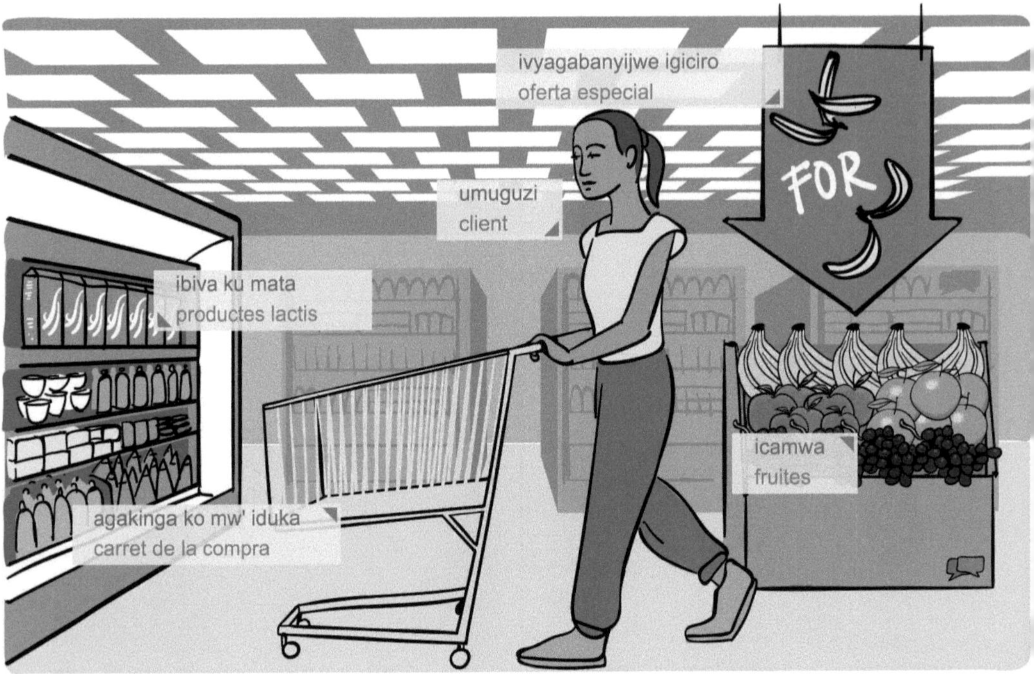

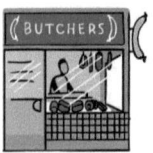

amacuniro

carnisseria

BAKERY

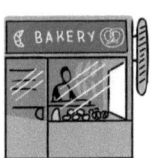

iburangeri

forn de pa

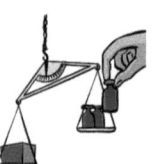

gupima

pesar

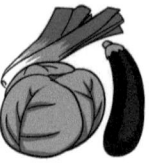

imboga

verdures

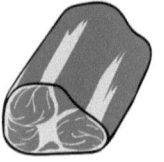

inyama

carn

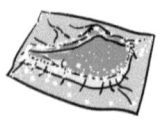

Imfungurwa zikanye cane

menjar congelat

infungugwa bita charcuterie en tranches

carn freda

amafunguro yo mu mabwate

conserves

isabune yo kumesura

detergent en pols

ibisosa

dolços

ibikoresho vyo muhira

articles domèstics

ibikoresho vy'isuku

productes de neteja

umudandaza

venedora

kese

caixa registradora

umuntu yakira amahera

caixera

urutonde rw' ibidandazwa

llista de la compra

amasaha yo kugurura

horari d'obertura

ingodomoni

portamonedes

ikarata y' amahera

carta de crèdit

isakoshe

bossa

ishakoshe ya parastike

bossa de plàstic

amazi

aigua

umutobe

suc

amata

llet

koka

coca-cola

umuvinyo

vi

ikiyeri

cervesa

inzoga

alcohol

kakao

cacau

icayi

te

ikawa

cafè

ikawa yitwa espresso

espresso

ikawa yitwa kapucino

cappuccino

umuhwi

banana

ipome

poma

umucungwe

taronja

icamwa bita melon

síndria

indimu

llimona

ikaroti

pastanaga

igitungurusumu

all

umugano

bambú

igitunguru

ceba

ikizinu

bolet

ibiyoba

avellanes

amakaroni

fideus

spagetti

espaguetis

umuceri

arròs

isarade

amanida

ifiriti

patates fregides

ifiriti

patates fregides

piza

pizza

hamburugere

hamburguesa

sandwich

entrepà

infungugwa bita escalope

escalopa

jambo

cuixot

salami

salami

isosiso

salsitxa

inyama y' inkoko

pollastre

umusoso

rostit

ifi

peix

infungugwa bita flocons d'avoine

flocs de civada

imfungugwa bita müsli

musli

infungugwa bita corn - flakes

cereals

ifarini

farina

umukate bita croissant

croissant

umukate muto

panet

umukate

pa

umukate bashusha

torrada

ibisuguti

bescuits

amavuta

mantega

iforomaji yera

mató

igato

pastís

irigi

ou

amafunguro bita oeuf au plat

ou fregit

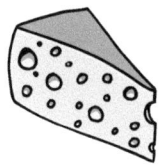

iformaji

formatge

infungugwa bita crème
glacée

gelat

isukari

sucre

ubuki

mel

ikonfitire

melmelada

imfungugwa bita praliné

crema de xocolata

infungugwa bita curry

curri

ubwororero
granja

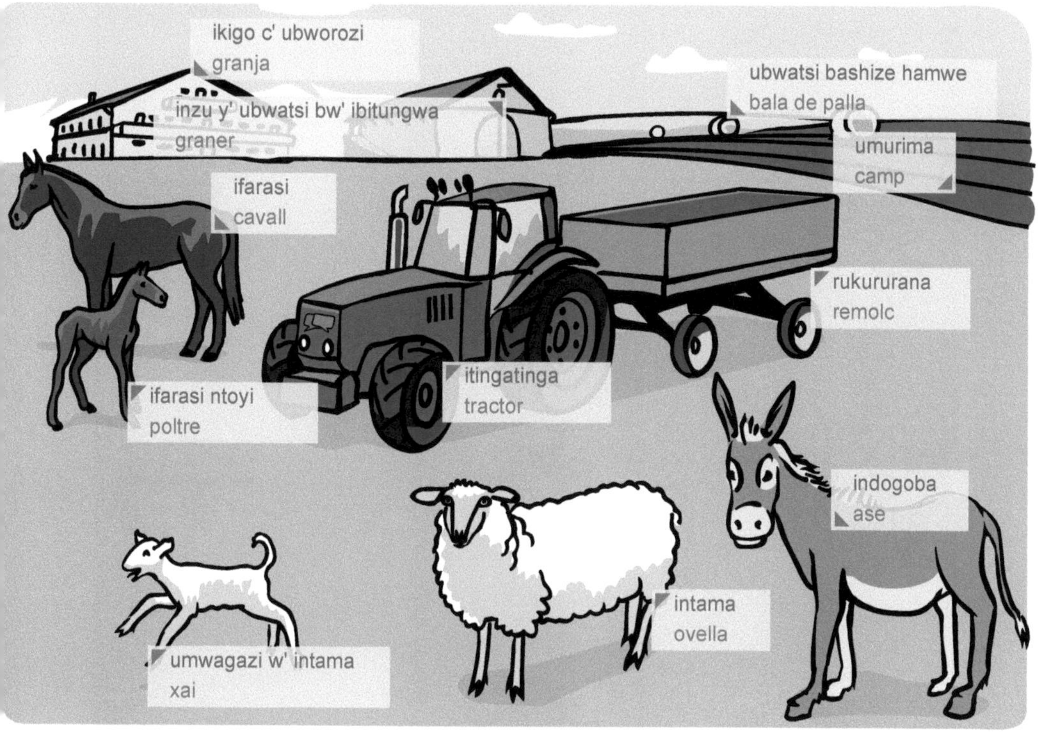

ikigo c' ubworozi
granja
inzu y' ubwatsi bw' ibitungwa
graner
ubwatsi bashize hamwe
bala de palla
umurima
camp
ifarasi
cavall
rukururana
remolc
itingatinga
tractor
ifarasi ntoyi
poltre
indogoba
ase
intama
ovella
umwagazi w' intama
xai

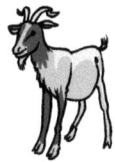

impene

cabra

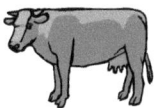

inka

vaca

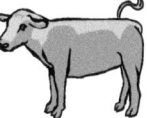

inyana

vedella

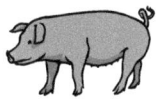

ingurube

porc

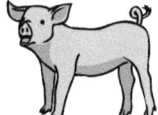

ikibuguru

garrí

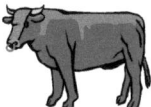

impfizi

bou

inyoni yitwa oie

oca

imbata

ànec

umuswi

poll

inkokokazi

gall

isake

gallina

imbeba nini

rata

akayabu

gat

imbeba

ratolí

ishuri

bou

imbwa

gos

umusaka w'imbwa

gossera

umuringoti wo kuvomerera
umurima

mànega de regar

ico bakoresha basukira
amashurwe

regadora

urukero

dalla

majagu

arada

umuhoro

falç

isuka

aixada

ikinyanyagiza ibitabizo irya n'ino

forca

ishoka

destral

inkorofani

carretó

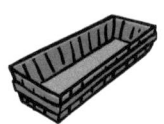

ubwato

abeurador

icansi

lletera

umufuko

sac

urugo

tanca

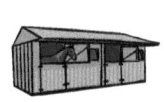

indaro y' ibitungwa

establa

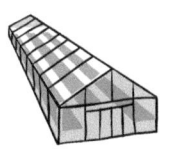

utuzu bashusha kugirango ibimera birimwo bikure

hivernacle

isi

sòl

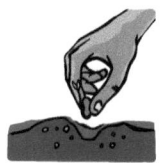

imbuto

llavor

ifumbire

adob

imashini yimbura

collidora

kwimbura

collir

umwimbu

collita

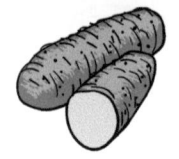

infungugwa bita igname

nyam

ingano

blat

isoya

soja

ikiraya

patata

ikigori

blat de moro o d'indi

ubwoko bw' ingano bita
colza

colza

igiti c' ivyamwa

arbre fruiter

imyumbati

mandioca

ibinyantete

cereals

inzu
casa

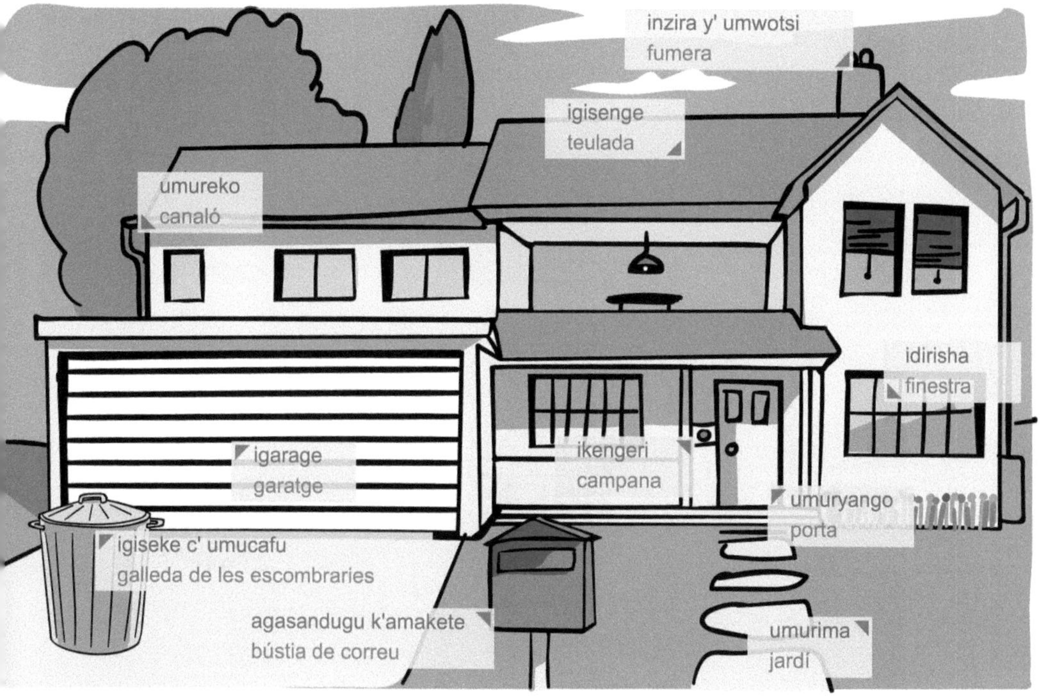
inzira y' umwotsi
fumera
igisenge
teulada
umureko
canaló
idirisha
finestra
igarage
garatge
ikengeri
campana
umuryango
porta
igiseke c' umucafu
galleda de les escombraries
agasandugu k'amakete
bústia de correu
umurima
jardí

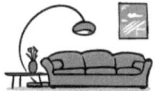

isaro
sala d'estar

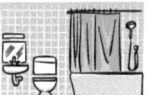

ubwogero
bany

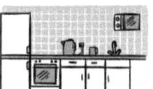

igikoni
cuina

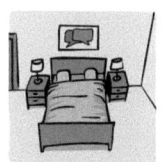

icumba co kuraramo
cambra de dormir

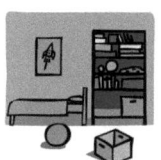

icumba c' umwana
cambra de nen

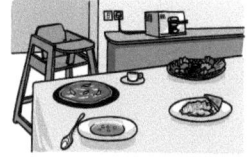

uburiro
menjador

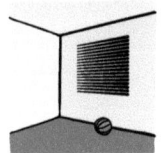

hasi
sòl

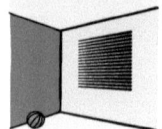

uruhome
paret

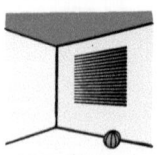

igisenge c' inzu
sostre

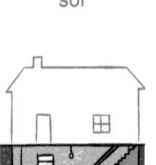

kave
soterrani

sauna
sauna

ibaraza
balcó

ibaraza
terrassa

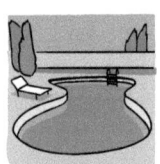

aho bogera
piscina

itondezi
tallagespa

igikaratasi
vànova

uburengeti
cobrellit

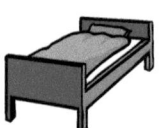

uburiri
llit

umweyerezo
escombra

indobo
galleda

akabuto
interruptor

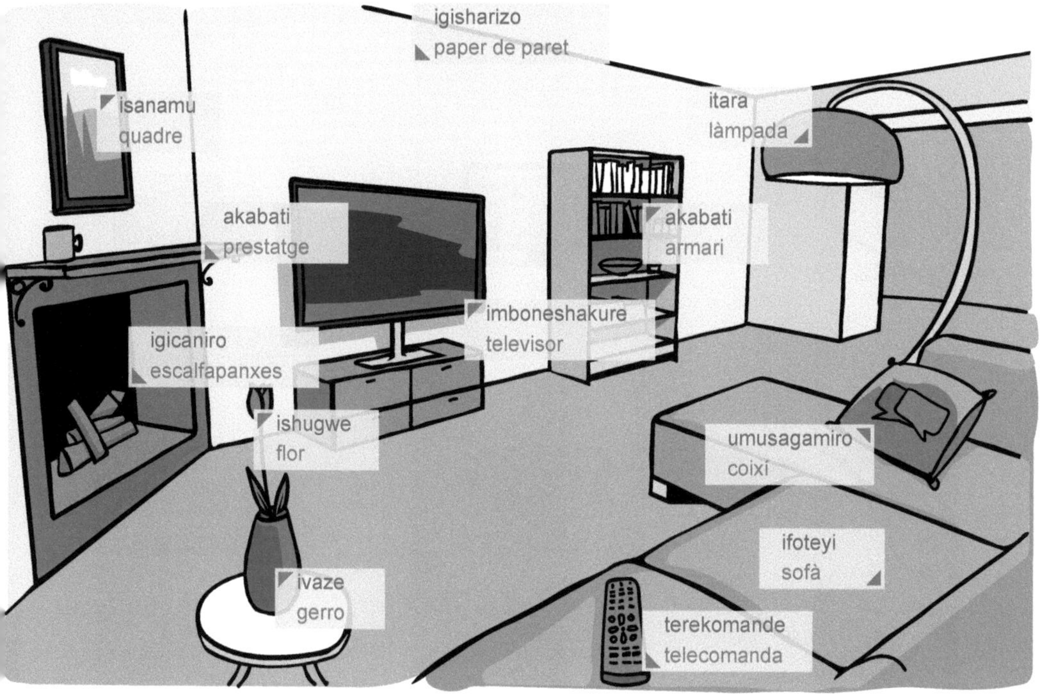

igisharizo
paper de paret

isanamu
quadre

itara
làmpada

akabati
prestatge

akabati
armari

imboneshakure
televisor

igicaniro
escalfapanxes

ishugwe
flor

umusagamiro
coixi

ifoteyi
sofà

ivaze
gerro

terekomande
telecomanda

itapi
catifa

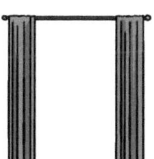

irido
cortina

ameza
taula

intebe
cadira

intebe icundera
cadira gronxadora

ifoteyi
cadiral

igitabo

llibre

ikirengeti

llençol

ibitako

decoració

inkwi

llenya

ireresi

film

ivyuma vy' umuziki

cadena de música

urufunguruzo

clau

ikinyamakuru

diari

gusiga amarangi

pintura

isanamu nini

cartell

insamirizi

ràdio

ikaye ndangaminsi

bloc de notes

asipirateri

aspiradora

icimera bita cactus

cactus

ibuji

candela

igikoni
cuina

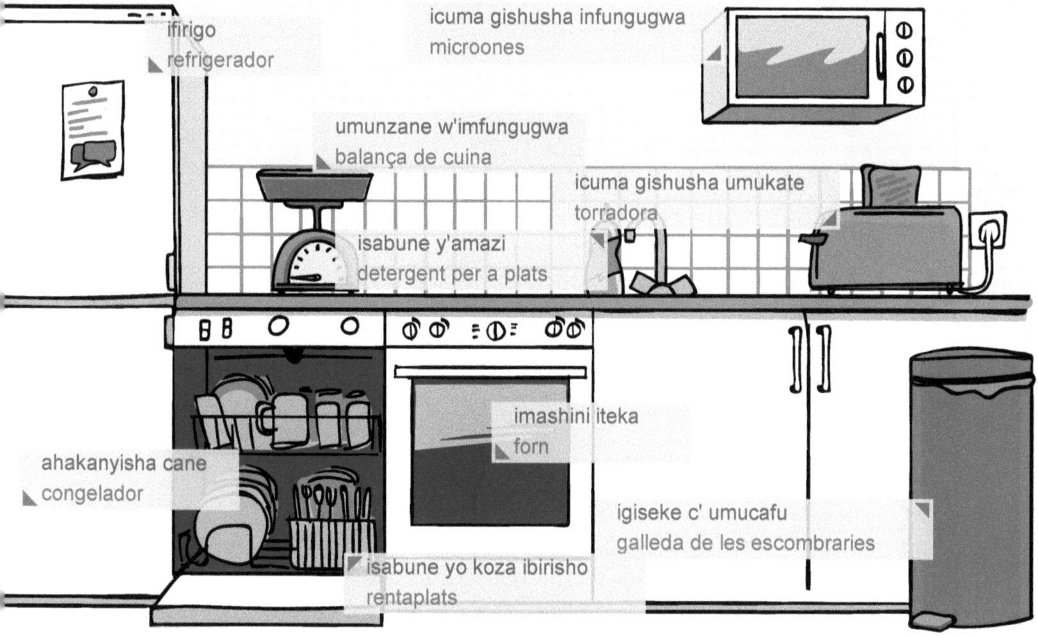
ifirigo
refrigerador
icuma gishusha infungugwa
microones
umunzane w'imfungugwa
balança de cuina
icuma gishusha umukate
torradora
isabune y'amazi
detergent per a plats
imashini iteka
forn
ahakanyisha cane
congelador
igiseke c' umucafu
galleda de les escombraries
isabune yo koza ibirisho
rentaplats

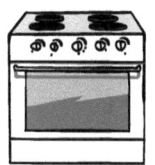

ishiga

cuina de fogons

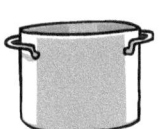

isafuriya

olla

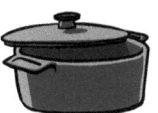

isafuriya y' icuma

olla de ferro colat

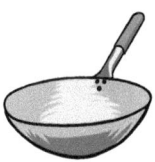

ipanu bita wok

wok / karahi

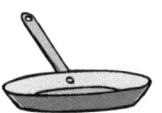

ipanu

paella

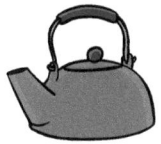

akuma gashusha amazi

bullidor

isafuriya itekesha umuhisha

olla de vapor

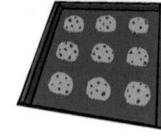

ico bakorerako imikate

plata de forn

ibirisho

vaixella

igikombe

tassa grossa

ibakure

bol

uduti two kurisha

bastonets xinesos

icaruzo c' isupu

culler

ikimamiro

espàtula

agakubitisho

batedor

imashini isya ibifungurwa

colador

akayunguruzo

sedàs

agakatakata imfungugwa

ratllador

agasekuro

morter

icokerezo

barbacoa

urucaniro

foc a terra

urubaho rwo gukatirako

taula de tallar

akabaho bakoresha spageti

corró

urupfunguzo rw'umuvinyu

llevataps

agasandugu

pot de conserva

**urupfunguzo
rw'agasandugu**
obridor

**ivyo gufatisha isafuriya
ishushe**

agafador

icogerezo

aigüera

uburoso

raspall

ivyogesho

esponja

imigiseri

batedora

frigo nini ikanyisha cane

congelador

bibero

biberó

ivomo

aixeta

ubwogero

bany

kwoga
dutxa
imashini ishusha mu nzu
calefacció
isume
tovallola
rido yo muri dushe
cortina de dutxa
koga mu mazi arimwo ifuro ryinshi
bany de bombolles
benywari
banyera
ikirahuri
got
imashini imesura
rentadora
ivomo
aixeta
amategura
rajoles
agasafuriya
orinal
icogerezo
aigüera

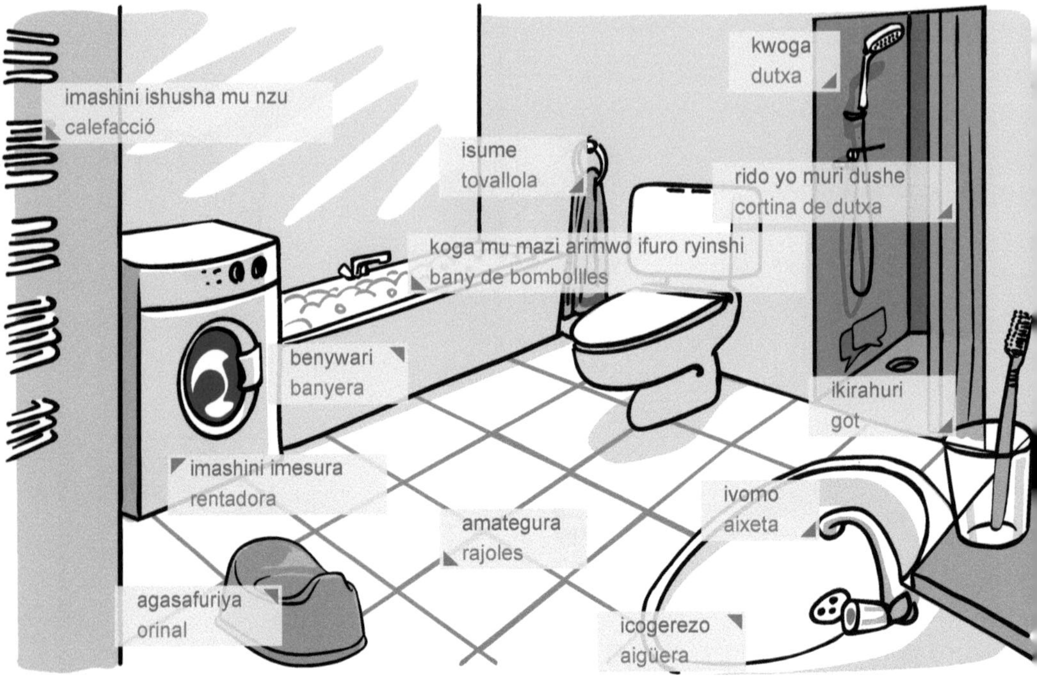

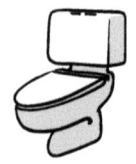

Akazu ka surwumwe

lavabo

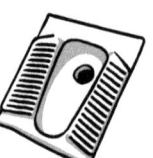

akazu ka surwumwe k'ikirundi

lavabo turc

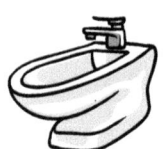

akantu gatoya bogeraho

bidet

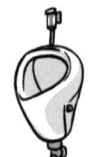

aho basoba

orinador

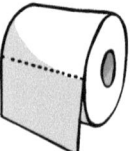

ibikaratase vyo kwi sukuza mu nzu ya surwumwe

paper higiènic

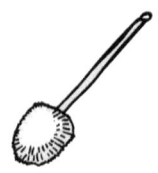

uburoso bwoza akazu ka surwumwe

escombreta de sanitari

umujigiti

raspall de dents

umuti wo koza amenyo

pasta de dents

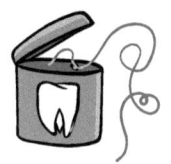

utugozi two gusukura amenyo

fil dental

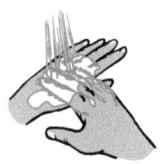

koza

rentar

ikinyuko

pom de dutxa

ubwoko bwa dushe

dutxa íntima

ico bakarabiramo intoki

rentamans

uburoso busukura mu mugongo

raspall per a l'esquena

isabune

sabó

isabuni yo kwoga

gel de dutxa

shampo

xampú

agatambara ko kwisukura

manyopla de bany

umuringoti

bonera

amavuta yo kwisiga

crema

iparufe yo mu kwaha

desodorant

icirore

mirall

icirore

mirall-espill de mà

imashini imwa ubwanwa

maquineta de rasar

ifuro ryo kumwa ubwanwa

espuma de barbejar

umuti basiga aho bamoye

loció post-rasada

igisokozo

pinta

uburoso

raspall

akuma kumutsa umushatsi

eixugador

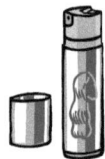

amavuta bapuriza mu
mushatsi

laca

ibikoresho vyo kwipodora

maquillatge

amavuta afise ibara yo
k'umunywa

pintallavis

verni y'inzara

esmalt d'ungles

ipampa

cotó

umukasi uca inzara

tallaungles

iparufe

perfum

agasaho k' ivyo kwisukura
ku rugendo

estoig de bellesa

agatebe

tamboret

umunzane

bàscula

penywari

barnús

udufuko tw' intoke iyo
bakora isuku

guants de goma

kotegisi

compresa higiènica

kotegisi

compresa

ubwoko bw'akazu ka
surwumwe

sanitari químic

icumba c' umwana
cambra de nen

isaha ivyura
despertador
agakoko k' agapupe
animal de peluix
ikijuwe c' umuduga
auto de joguina
ikijuwe c' ibibondo bita hochet
sonall
inzu badandaza amapupe
casa de nines
akaganuke
present

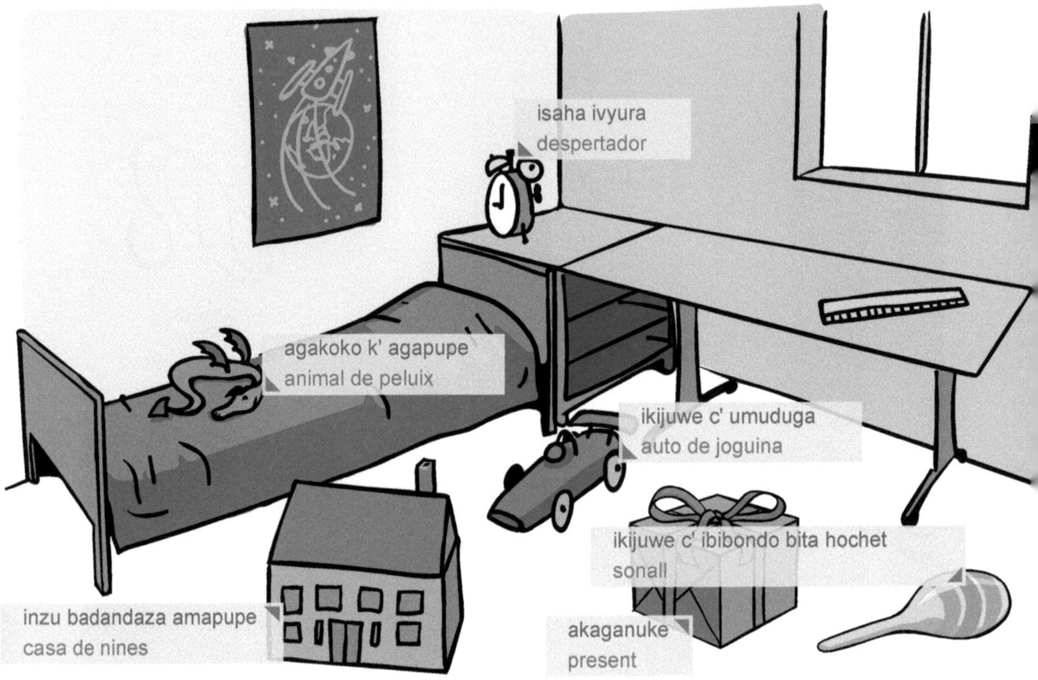

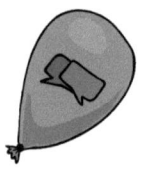

igipurizo

baló

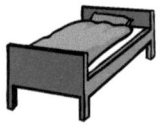

uburiri

llit

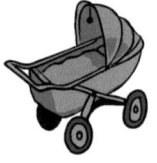

cotxet per a nens

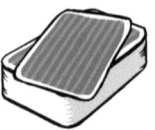

urukino rw' ikarata

joc de cartes

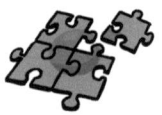

urukino bita puzile

trencaclosca

SUPER
MEGA

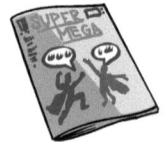

ibitabo vy' amashusho

historieta

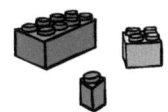

urukino bita lego

peces de lego

ibijuwe vyo kubaka

peces de construcció

ipupe

ninot d'acció

impuzu yo kurarana y abana

granota

urukino bita frisbi

frisbee

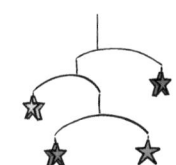

udukinisho two ku buriri bw' ibibondo

mòbil per a bressol

urukino rwo kumeza

joc de taula

agakinisho bita de

daus

gari ya moshi z' ibikinisho

tren elèctric

madanganya

xumet

umunsi mukuru

festa

igitabo c' ibicapo

llibre de dibuixos

umupira

pilota

igipupe

nina

gukina

jugar

umusenyi abana
bakiniramwo

sorrera

uruvuma

gronxador

ikijuwe

joguines

urukino nyabwonko

consola de jocs de vídeo

ikinga ry'amapine atatu

tricicle

igikoko bita ours c 'ikijuwe

osset de peluix

akabati k' impuzu

armari

impuzu

roba

amashesheti

mitjons

amashesheti maremare

mitges

ubwoko bw'impuzu zifata
kandi zigaruka cane

mitja pantaló

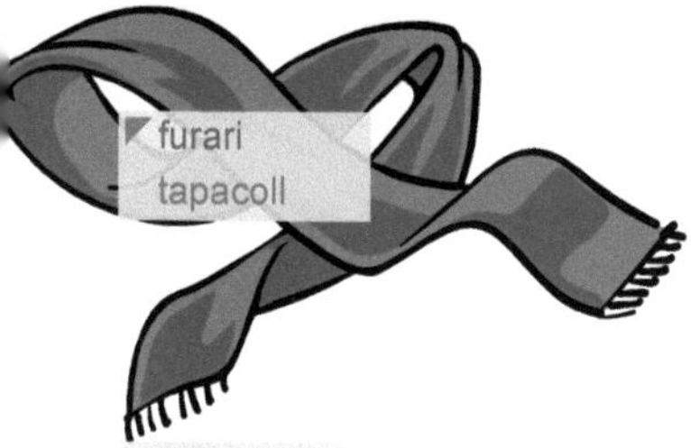

furari
tapacoll

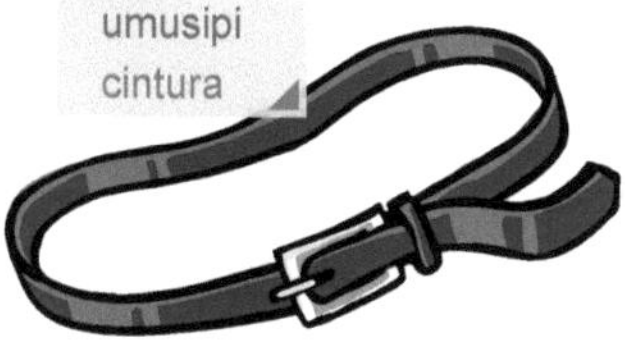

umwumvuri
paraigua

agapira kadafise amabo
camiseta

umusipi
cintura

ibirato biduga kumurundi
botes

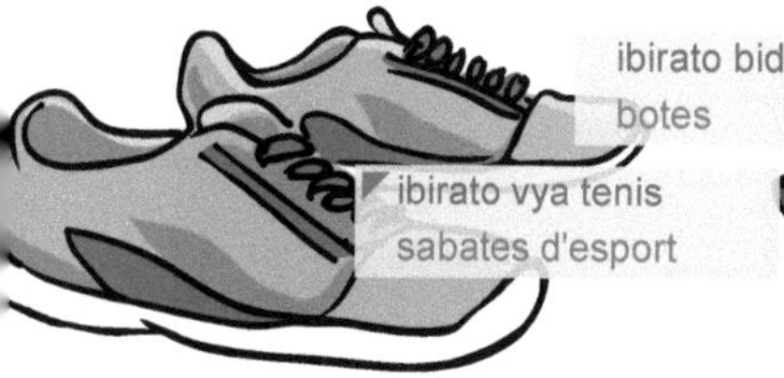

ibirato vyo mu nzu
plantofes

ibirato vya tenis
sabates d'esport

isandari
....
sandàlies

ibirato
....
sabates

ingamiya
....
botes de goma

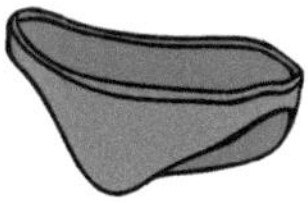

imwesho
....
calçonets

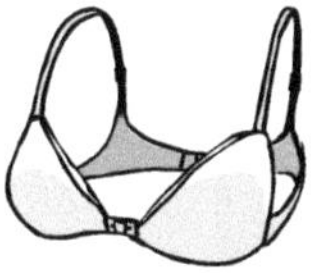

isutiye
....
sostenidor

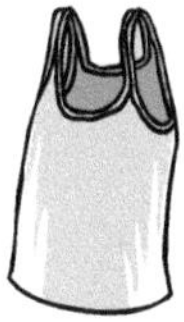

isengeri
....
guardapits

impuzu z' imbere

jjustacòs

ipantaro

pantalons

ijinisi

jeans

ijipo

faldeta

agashati koroshe kabagore

brusa

ishati

camisa

umupira w' imbeho

jersei

umupira w'imbeho ufise inkofero

dessuadora

blazeri

blazer

ikoti

jaqueta

ikoti rirerire

mantell

ikoti y'imvura

impermeable

kositime

vestit de dona

ikanzu

vestit de dona

ikazu y'umugeni

vestit de núvia

kositime

vestit d'home

ikanzu yo kurarana

camisa de dormir

impuzu z' ijoro

pijama

imvutano z'abahindi

sari

igitambara co mu mutwe

mocador de cap

igitambara co mu mutwe
bita turban

turbant

impuzu z' abasiramukazi

burca

ikanzu bita kaftan

caftan

impuzu y' abasiramu

abaia

impuzu yo kogana

vestit de bany

impuzu yo kwogana
y'abagabo

calçon(et)s de bany

imwesho

pantalons curts

itereningi

xandall

itaburiya

davantal

udufuko tw' intoke

guants

igifungo

botó

amarori

ulleres

igikomo

braçalet

akadede

collaret

impeta

anell

ihereni

orellera

inkofero

casquet

porutemanto

penjador

inkofero

capell

karavate

corbata

imashini

cremallera

inkofero yo kwikingira

casc

imisipi

elàstics

impuzu y' ishure

uniforme escolar

umwambaro rusangi w'ahantu

uniforme

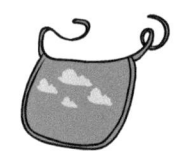

utwo bambika ibibondo iyo birya

pitet

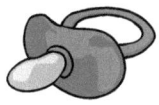

madanganya

xumet

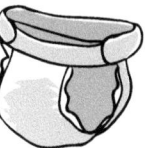

iranje

bolquer

ibiro

oficina

seriveri
servidor
akabati k' ivyangombwa
armari arxivador
empirimante
impressora
urukaratasi
paper
ekra
monitor
suri
ratolí
ameza yo kwandikirako
escriptori
ico bashiramwo ivyangombwa
arxivador
karaviye
teclat
aseke bajugunyamo amakaratasi
perera
nyabwonko
ordinador
intebe
cadira

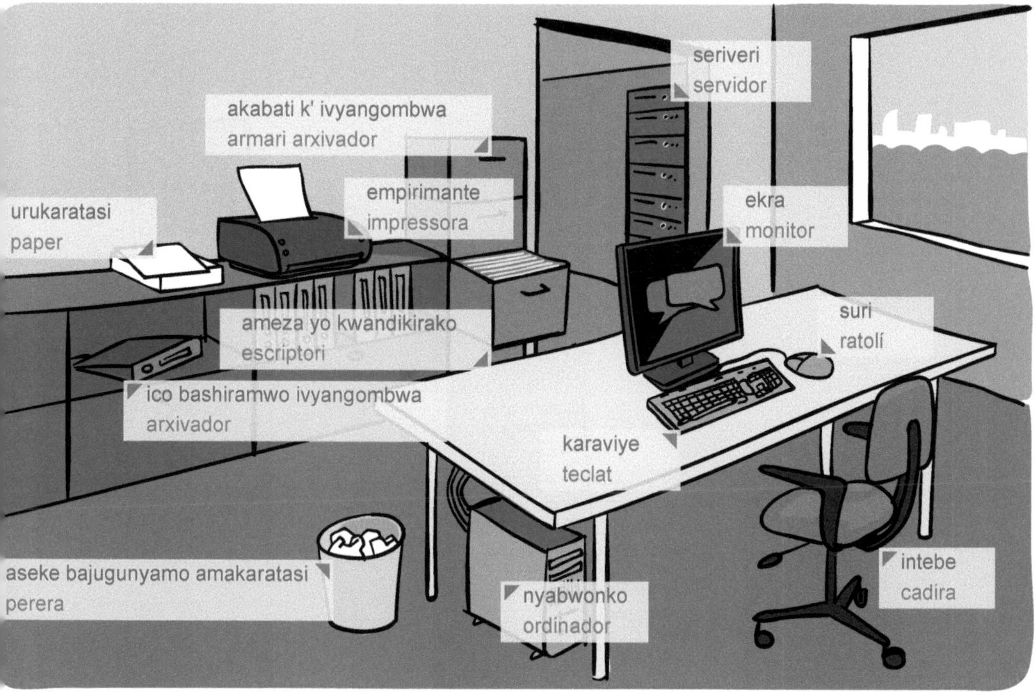

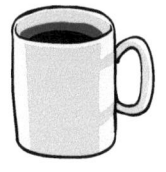

igikombe c' ikawa

tassa de cafè

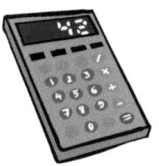

imashini iharura

calculadora

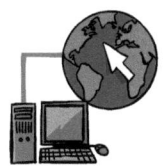

ubuhinga ngurukanabumenyi

Internet

inyabwonko ngendanwa

ordinador portàtil

ikete

lletra

ubutumwa

missatge

telefoni ngendanwa

mòbil

rezo

xarxa

fotokopiyeze

fotocopiadora

rojisiyeri

programari

telefoni

telèfon

purize

presa de corrent

fagisi

fax

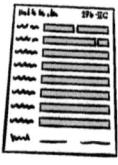

urukaratasi rwo kuzuza

formulari

icangombwa

document

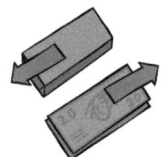

kugura

comprar

kuriha

pagar

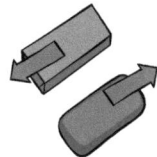

kudandaza

comerciar

amahera

diners

idorari

dòlar

iyero

euro

iyene

ien

amahera y' abarusiya

ruble

amahera y' abasuwisi

franc suís

amahera bita renmimbi
yuan

renminbi

amahera bita rupi

rupia

icuma gitanga amahera

caixa automàtica

ku bavunjayi

oficina de canvi

inzahabu

or

umujumbu

argent

ipeteroli

petroli

inguvu

energia

ikiguzi

preu

amasezerano

contracte

amakori

impost

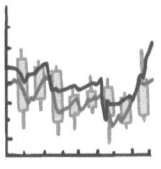

igice

acció

gukora

treballar

umukozi

treballador

umukoresha

empresari

ihinguriro

fàbrica

akaduka

botiga

imirimo
oficis

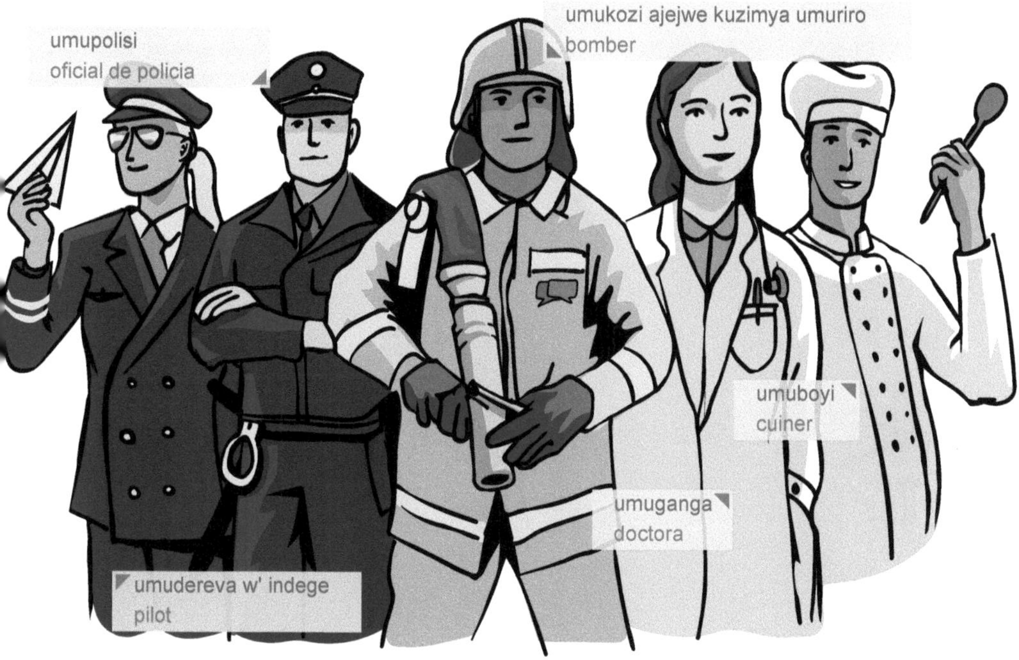
umupolisi
oficial de policia
umukozi ajejwe kuzimya umuriro
bomber
umuboyi
cuiner
umuganga
doctora
umudereva w' indege
pilot

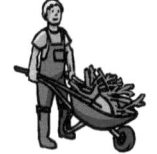

umukozi akora murikarima

jardiner

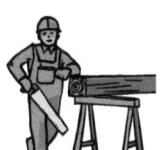

umubaji

fuster

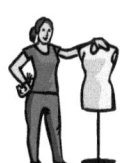

umushonyi

costurera

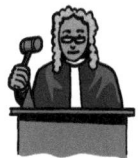

umucamanza

jutge

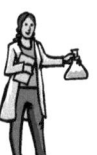

umuhinga mu vya chimie

química

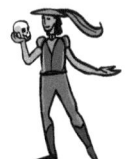

umukinyi w'amareresi

actor

umudereva w' ibisi

conductor d'autobús

umudereva w' itagisi

taxista

umurovyi

pescador

umuzezwanzukazi

dona de la neteja

sharupantiye

ensostrador

umukozi wo muburiro n'ubunywero

cambrer

umuhigi

caçador

umufundi w' amarangi

pintor

umuntu akora imikate

forner

umufundi w' amatara

electricista

umwubatsi

obrer de la construcció

enjeniyeri

enginyer

umuyangayanga

carnisser

umufundi w' amazi

llanterner

umuparanto

correu

umusoda

soldat

umuntu acapa inyubako

arquitecte

umuntu yakira amahera

caixera

umukozi ajejwe amashugwe

florista

kimyozi

perruquer

kontororeri

revisor

umufundi w' imiduga

mecànic

umudereva w' ubwato

capità

umuganga w' amenyo

dentista

umuhinga mu vya siyansi

científic

umuhinga mu bayahudi bita
rabi

rabí

imame

imam

umuvugiramana

monjo

umuvugiramana

capellà

ibikoresho vy' ubwubatsi

eines

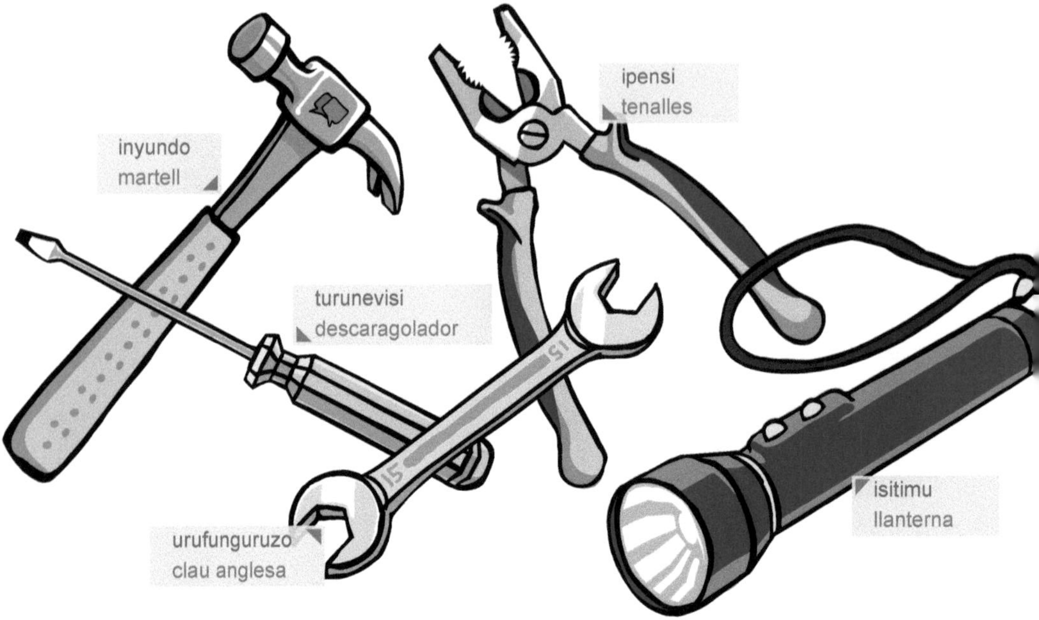
inyundo
martell
ipensi
tenalles
turunevisi
descaragolador
urufunguruzo
clau anglesa
isitimu
llanterna

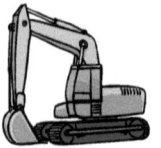

tingatinga

excavadora

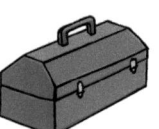

isaho y' ibikoresho

caixa d'eines

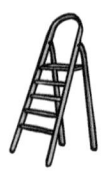

ingazi

escala

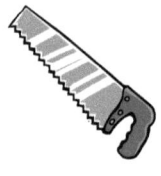

umusumeno

serra

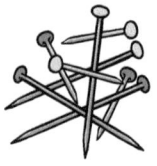

imisumari

claus

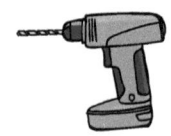

icuma bita foreuse

trepant

gukora

reparar

igipawa

pala

asyi!

Maleït siga!

agaterura umucafu

pala

indobo y' irangi

pot de pintura

ivis

caragols

ivyuma vyo gucuraranga
instrument de música

icuma ca musika bita batterie
bateria

icuma bita Haut parleur
altaveu

igitari
guitarra

icuma ca musika bita contrebasse
contrabaix

icuma ca musika bita trompette
trompeta

icuma ca musika bita piano

piano

icuma ca musika bita violon

violí

gitare icuranga Bass

baix

icuma ca musika bita
timbale

timbal

ingoma

tambor

icuma ca musika bita piano
electrique

teclat

icuma ca musika bita
saxophone

saxofon

umwirongi

flauta

mikoro

micròfon

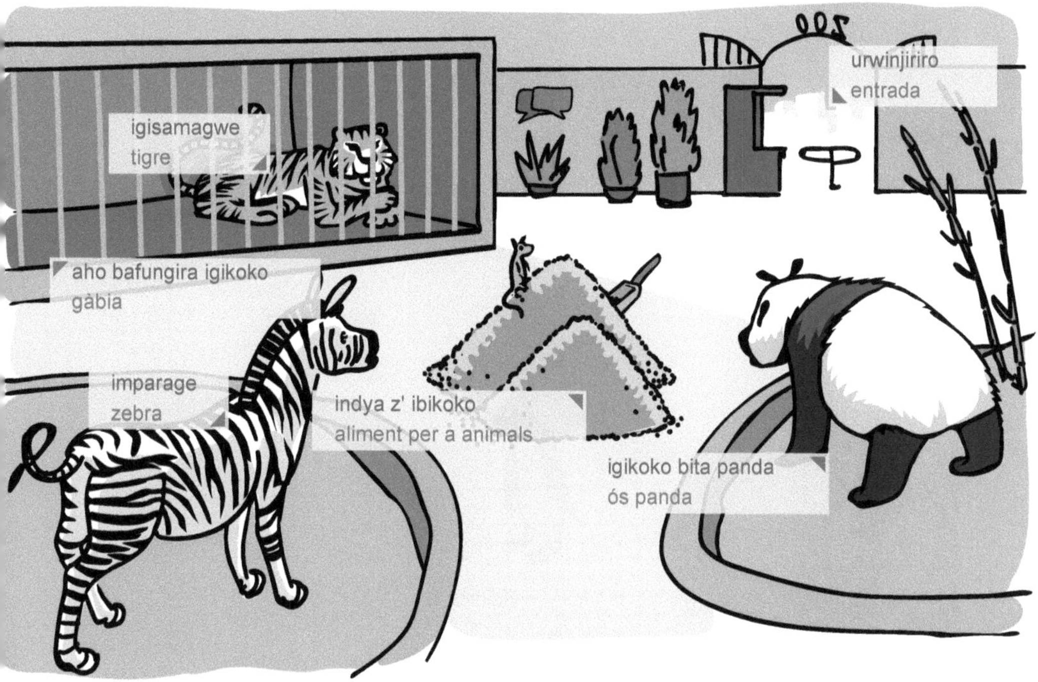

urwinjiriro
entrada

igisamagwe
tigre

aho bafungira igikoko
gàbia

imparage
zebra

indya z' ibikoko
aliment per a animals

igikoko bita panda
ós panda

ibikoko
animals

inzovu
elefant

Kanguru
cangurú

igikoko bita Rhynoceros
rinoceront

inguge
goril·la

igikoko bita ours
ós

ingamiya

camell

inyoni bita autriche

estruç

intare

lleó

inkende

simi

inyoni bita flamant rose

flamenc

gasuku

papagai

igikoko bita ours blanc

ós polar

inyoni bita pinguin

pingüí

ifi bita requin

ca mari

inyoni bita paon

paó

inzoka

serp

ingona

cocodril

umurinzi w' iratiro ry' ibikoko

guardià del zoo

igikoko bita phoque

foca

igikoko bita jaguar

jaguar

ubwoko bw' ifarasi bita pony

poni

ingwe

lleopard

imvubu

hipopòtam

umusumbarembo

girafa

agaca

àliga

ingurube y' ishamba

senglar

ifi

peix

akanyamasyo

tortuga

igikoko bita morse

morsa

imbwebwe

guineu

ingeregere

gasela

urukino rwa football yo muri amerika
futbol americà

ugusiganwa ku makinga
ciclisme

urukino rwa tennis
tenis

urukino rwa basketball
bàsquet

koga
natació

urukino rw' ingumu
boxa

urukino rwa ice-hockey
hoquei sobre gel

umupira w'amaguru
futbol americà

urukino rwa badminton
bàdminton

ubunonotsi
atletisme

urukino rwa handball
handbol

urukino rwa ski
esquí

urukino rwa Polo
polo

imirimo
activitats

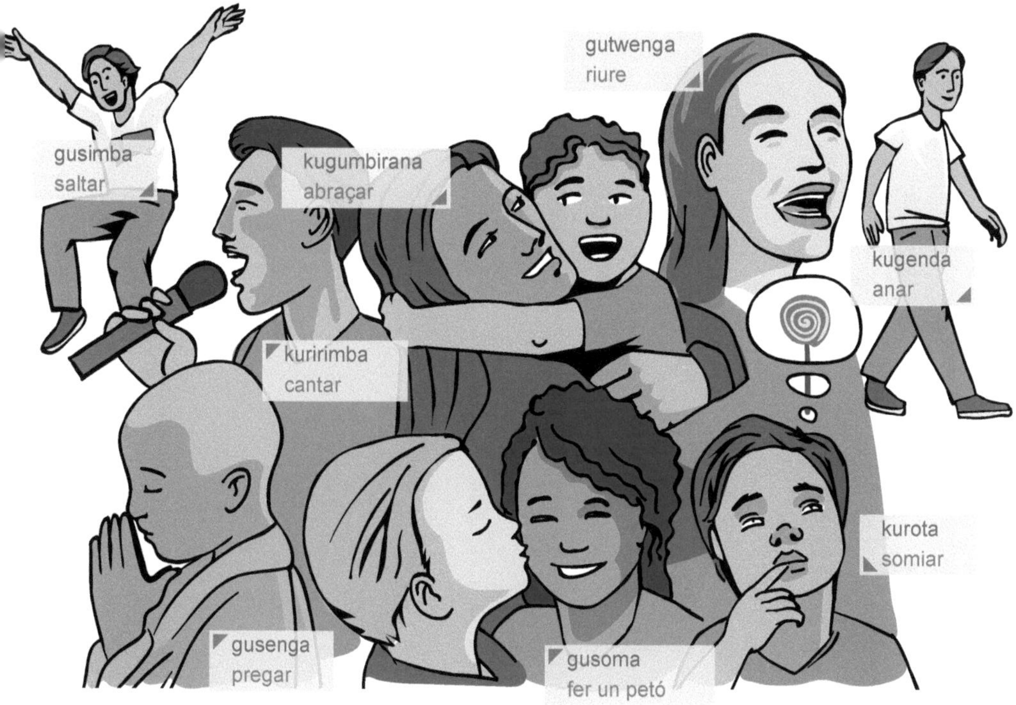
gutwenga
riure
gusimba
saltar
kugumbirana
abraçar
kugenda
anar
kuririmba
cantar
kurota
somiar
gusenga
pregar
gusoma
fer un petó

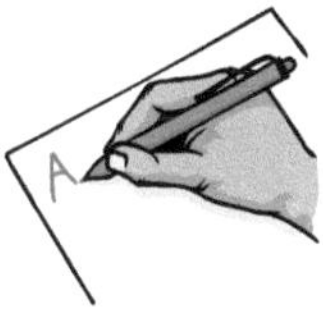

kwandika
escriure

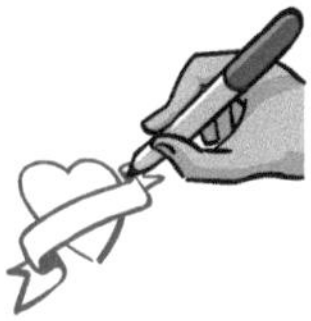

gucapa
dibuixar

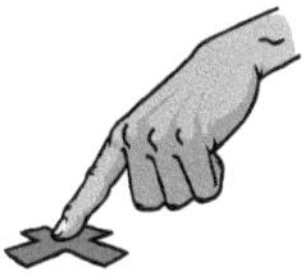

kwereka
mostrar

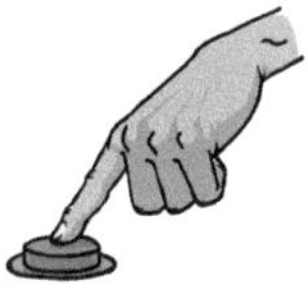

gusuguma
pitjar

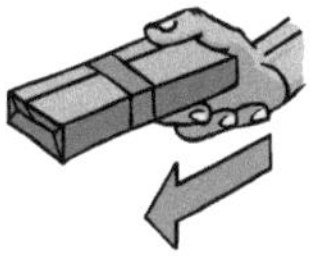

gutanga
donar

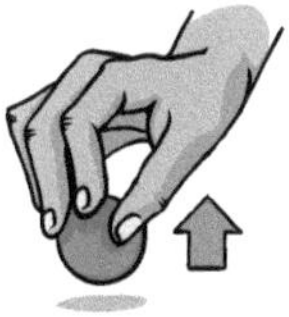

gutora
prendre

kugira

tenir

kugira

fer

kuba

ésser

guhagarara

estar dret

kwiruka

córrer

gukwega

estirar

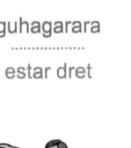

guta

llançar

gutemba

caure

kurambarara hasi

jeure

kurindira

esperar

gutwara

portar

kwicara

asseure's

kwambara

vestir-se

kuryama

dormir

kuvyuka

despertar-se

kuraba

mirar

kurira

plorar

kwagaza

amoixar

gusokoza

pentinar

kuvuga

parlar

gutahura

comprendre

kubaza

demanar

kumviriza

escoltar

kunywa

beure

gufungura

menjar

gutondeka

endreçar

gukunda

estimar

guteka

cuinar

gutwara

conduir

kuguruka

volar

kugira siporo bita voile

navegar

guharura

calcular

gusoma

llegir

kwiga

aprendre

gukora

treballar

kurongora

casar-se

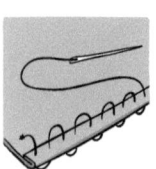

gushona

cosir

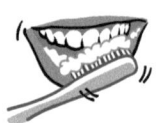

kwijigitura

raspallar-se les dents

kwica

matar

kunywa itabi

fumar

kurungika

enviar

umuryango
família

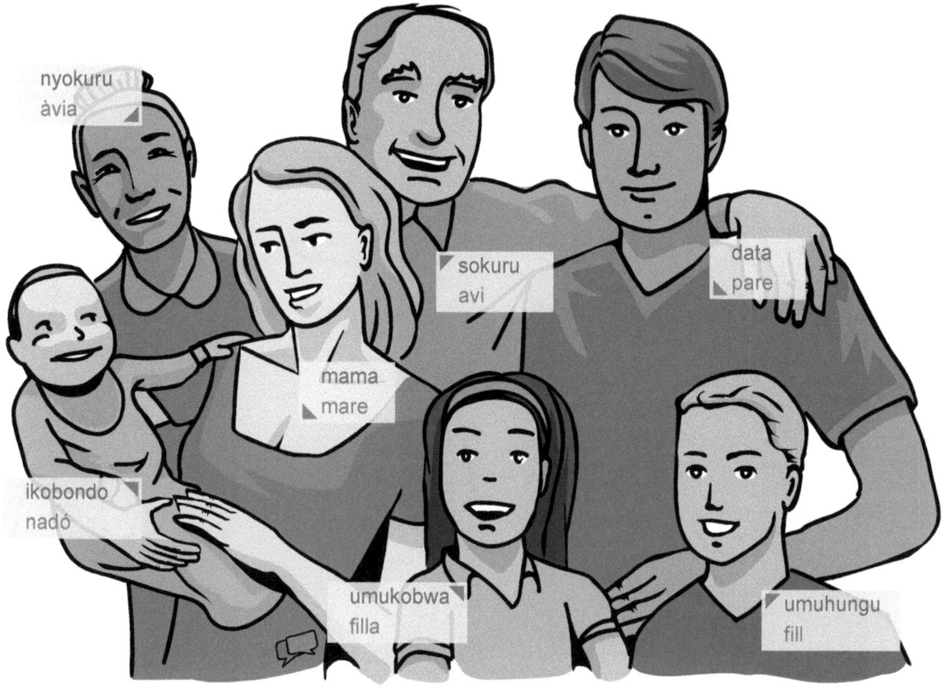

nyokuru
àvia
sokuru
avi
data
pare
mama
mare
ikobondo
nadó
umukobwa
filla
umuhungu
fill

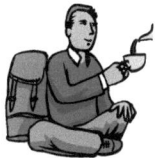

umushitsi

convidat

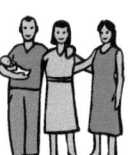

masenge

tia

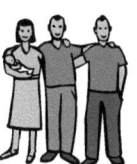

marume

oncle

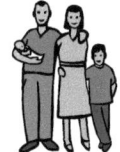

musaza w' umuntu

germà

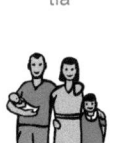

mushiki w' umuntu

germana

umubiri

cos

agahanga
front
ijisho
ull
urutugu
espatlla
urutoki
dit
isura
cara
agasakanwa
barbeta
ikiganza
mà
ukuguru
cama
agatuntu
pit
ukuboko
braç

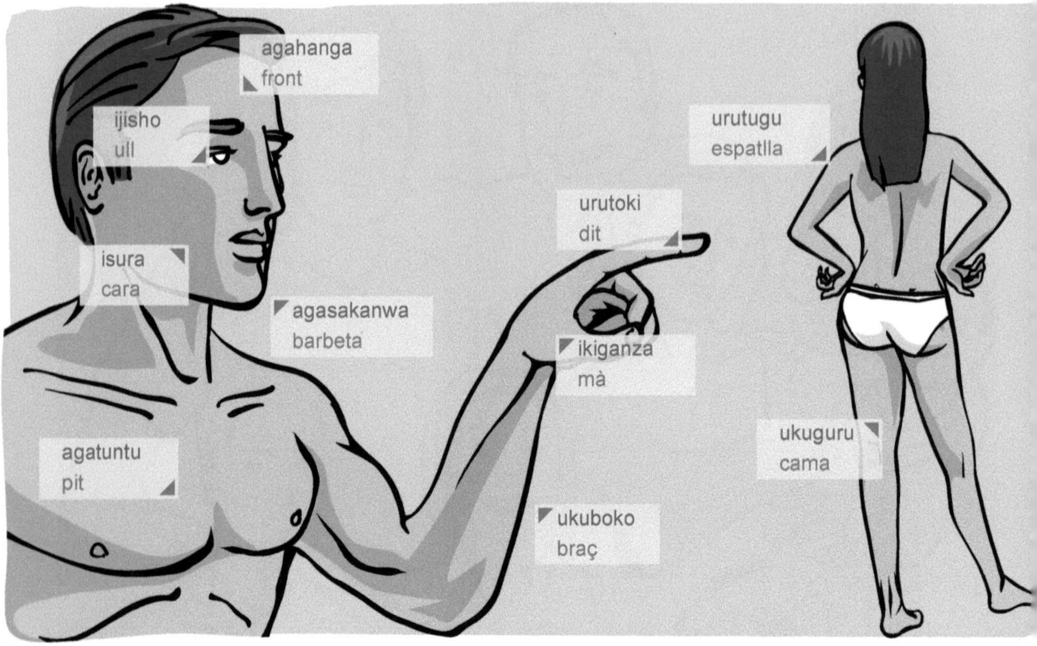

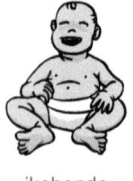

ikobondo

nadó

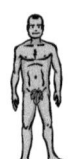

umugabo

home

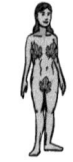

umugore

dona

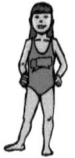

umwigeme

noia

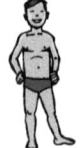

umuhungu

noi

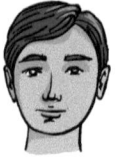

umutwe

cap

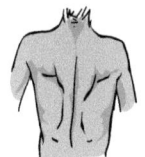

umugongo

esquena

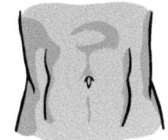

inda

panxa

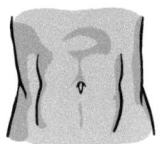

umukondo

melic

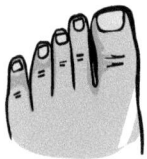

ino

dit gros del peu

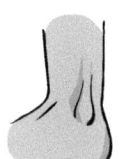

agatsintsiri

taló

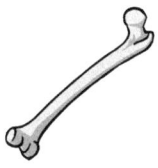

igufa

os

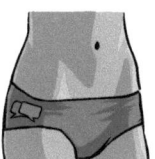

ku mafyigo

maluc

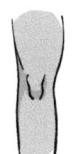

ivi

genoll

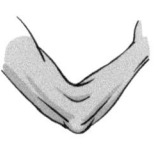

inkokora

colze

izuru

nas

igisusu

cul

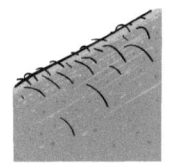

urukoba

pell

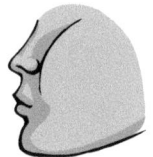

itama

galta

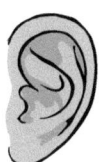

ugutwi

orella

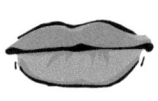

umunwa

llavi

umunwa

boca

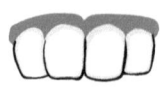

iryinyo

dent

ururimi

llengua

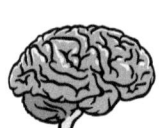

ubwonko

cervell

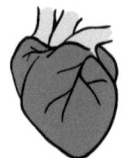

umutima

cor

umutsi

múscul

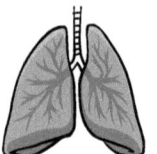

ihaha

pulmó

igitigu

fetge

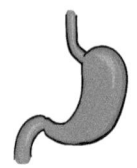

umushishito

estómac

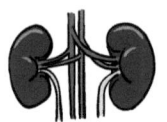

amafyigo

ronyó

kurangura amabanga
y'abubatse

relació sexual

agapfuko

preservatiu

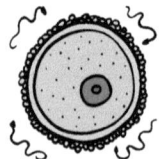

imbuto y' umugore

ovari

imbuto y'umugabo

semen

imbanyi

prenyat

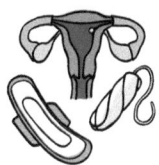

kuja mu kwezi

menstruació

igituba

vagina

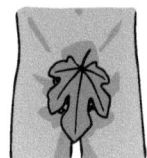

imboro

penis

ingohe

cella

umushatsi

cabells

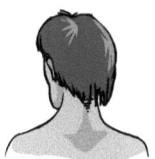

izosi

coll

ibitaro
hospital

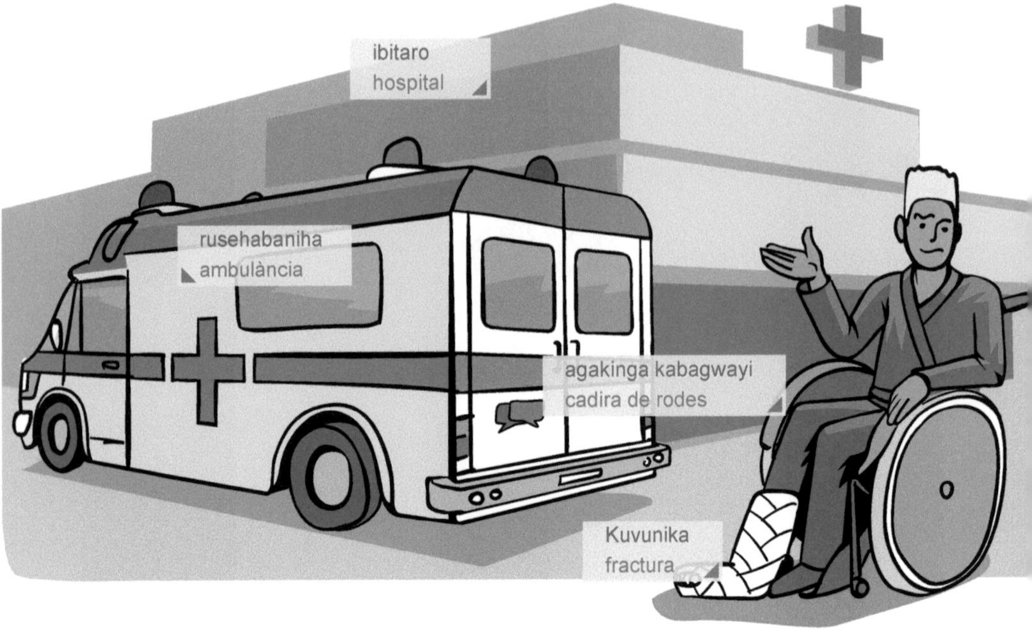

ibitaro
hospital
rusehabaniha
ambulància
agakinga kabagwayi
cadira de rodes
Kuvunika
fractura

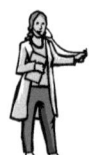

umuganga
doctora

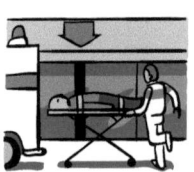

mundembe
sala d'urgències

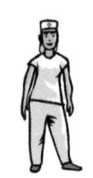

umuforomokazi
infermera

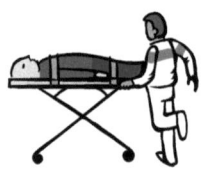

irijanse
urgència

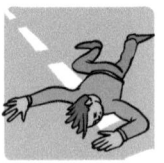

guta ubwenge
inconscient

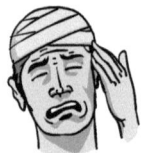

ububabare
dolor

igikomere

ferida

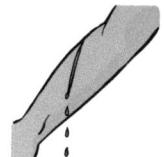

kuva amaraso

sagnament

uguhagarara k' umutima

atac de cor

kuvira indani

apoplexia

guhurirwa

al·lèrgia

inkorora

tos

ubushuhe bw'umubiri

febre

giripe

gripa

gucibwamwo

diarrea

kumeneka umutwe

mal de cap

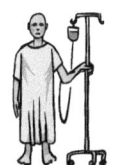

Kanseri

càncer

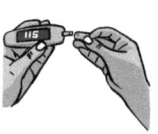

Diyabeti

diabetis

muganga ajejwe kubaga

cirurgià

akuma ka muganga ubaga

escalpel

kubagwa

operació

sikaneri

tomografia computada (TC), TAC

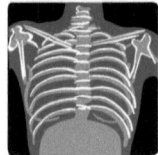

radiyogarafi

raigs x

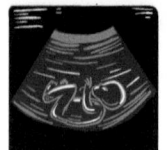

ekogarafi

ultrasò

masike

mascareta

indwara

malaltia

aho kurindirira

sala d'espera

icishimikizo

crossa

gufuka igikomere

tireta

gufuka igikomere

embenat

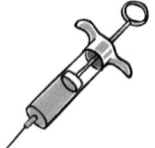

gutera urushinge

injecció

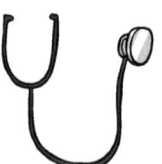

icuma cumviriza amahaha n'umutima

estetoscopi

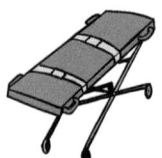

ingovyi

llitera

igipima umuriro w' umubiri

termòmetre clínic

kuvuka

pariment

umuvyibuho urengeje

sobrepès

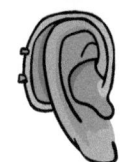

igifasha umuntu kumva neza
aparell auditiu

imiti y' ibikomere
desinfectant

kwandura
infecció

umugera
virus

umugera wa sida
VIH / SIDA

ubuvuzi
medicina

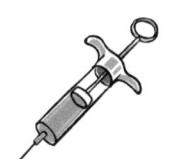

guhabwa urucanco
vaccí

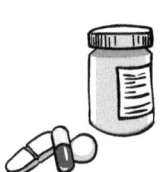

ibinini
comprimits

ikinini mbonezamvyaro
píl·lola

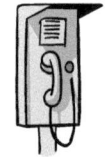

telefone itabaza
trucada d'urgència

igipima umuvuduko w' amaraso
tensiòmetre

arwaye / akomeye
malalt / sà

ikengere

alarma

igitero

assalt

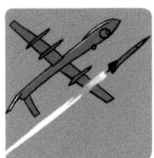

igitero

atac

ibihe bikomeye

perill

icanzo

sortida-eixida d'urgència

muntabare!

Socors!

umuriro!

Foc!

ikizimyamwoto

extintor

isanganya

accident

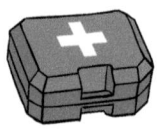

isanduku y' ubutabazi

farmaciola de primers
auxilis

ubutabazi

SOS

igipolisi

policia

Buraya

Europa

Uburaruko bw' amerika

Amèrica del Nord

Ubumanuko bw' amerika

Amèrica del Sud

Afurika

Àfrica

Aziya

Àsia

Ositarariya

Austràlia

ibahari y' Antalantika

Atlàntic

ibahari ya Pasifika

Pacífic

ibahari y' Ubuhinde

Oceà Índic

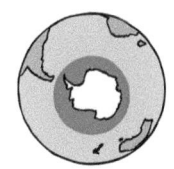

ibahari y' Antaragitika

Oceà Antàrtic

ibahari y' Aragitika

Oceà Àrtic

Uburaruko bw' umubumbe
w' isi

pol nord

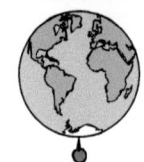

Ubumanuko bw' umubumbe
w' isi

pol sud

antaragitika

Antàrtida

isi

terra

isi

país

ibahari

mar

izinga

illa

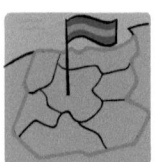

igihugu

nació

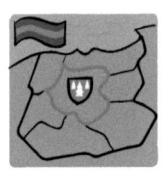

reta

estat

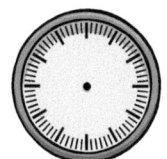

aho barabira isaha

quadrant

urushinge rw' amasaha

agulla de les hores

urushinge rw' iminota

agulla dels minuts

urushinge rw' amasegonda

agulla dels segons

ni gihe ki?

Quina hora és?

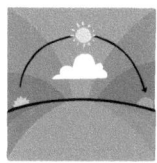

umunsi

dia

igihe

temps

ubu nyene

ara

isaha ya electronique

rellotge digital

umunota

minut

isaha

hora

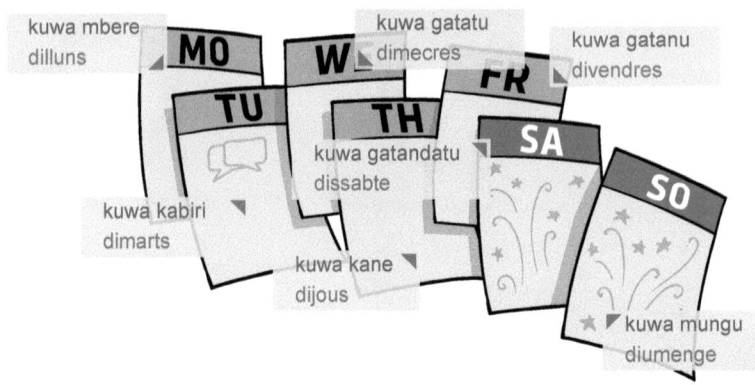

kuwa mbere
dilluns

kuwa gatatu
dimecres

kuwa gatanu
divendres

kuwa gatandatu
dissabte

kuwa kabiri
dimarts

kuwa kane
dijous

kuwa mungu
diumenge

ejo haheze

ahir

ubunyene

avui

ejo hazoza

demà

mu gatondo

matí

sasita

migdia

ku mugoroba

tarda

MO	TU	WE	TH	FR	SA	SU

iminsi y' ibikorwa

dia feiner

weekende

cap de setmana

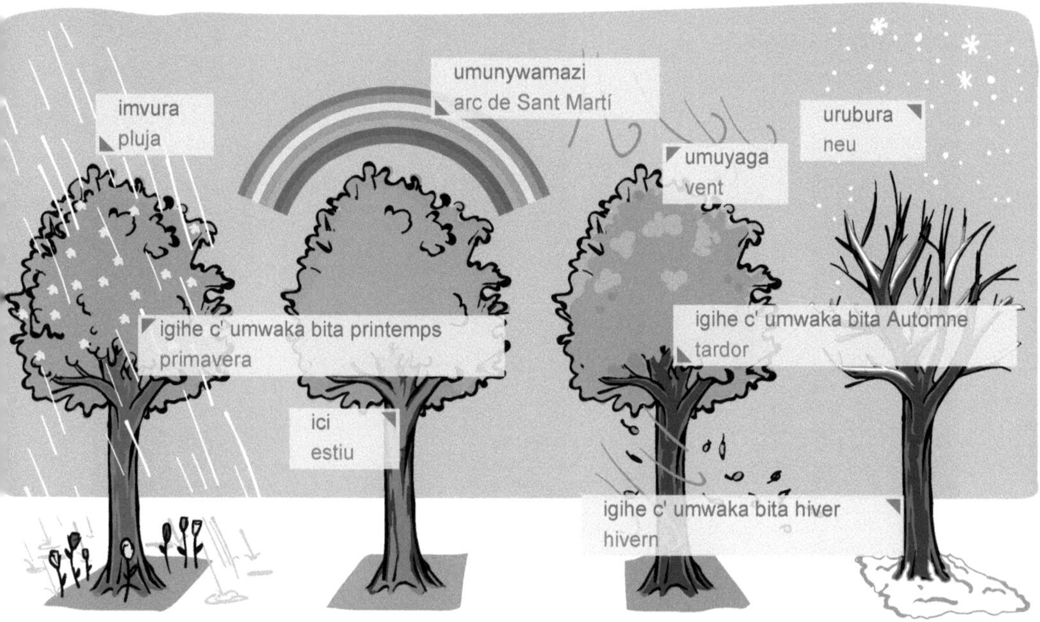

imvura
pluja
umunywamazi
arc de Sant Martí
urubura
neu
umuyaga
vent
igihe c' umwaka bita printemps
primavera
igihe c' umwaka bita Automne
tardor
ici
estiu
igihe c' umwaka bita hiver
hivern

4.APRIL 11°
5.APRIL 4°
6.APRIL 13°
7.APRIL 8°
8.APRIL 10°

ikirangabihe

pronòstic del temps

F C
120 40
90 30
60 20
30 10
0 0
-30 -10
-20

igipima ubushuhe bw' umubiri

termòmetre

ubuseruko bw' izuba

llum del sol

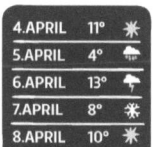

igicu

núvol

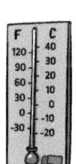

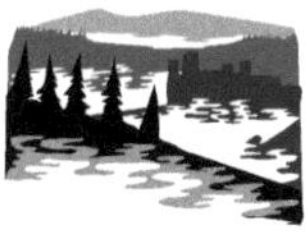

igipfungu

boira

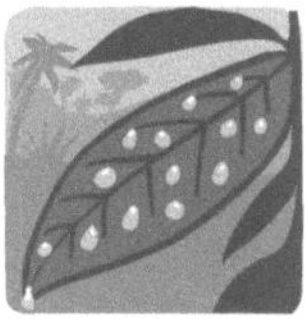

ifira

humiditat de l'aire

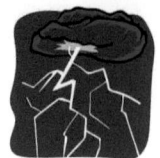

umuravyo

llamp

inkuba

tro

igihuhusi

tempesta

urubura

calamarsa

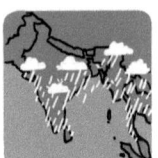

igihuhusi bita mousson

monsó

umwuzure

inundació

ibarafu

gel

nzero

gener

ruhuhuma

febrer

ntwarante

març

ndamukiza

abril

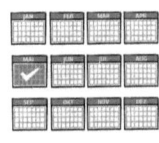

rusama

maig

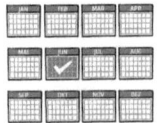

ruhenshi

juny

mukakaro

juliol

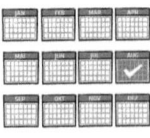

myandagaro

agost

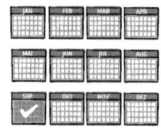

nyakanga

setembre

gitugutu

octubre

munyonyo

novembre

migarama

desembre

umuzingi

cercle

ikwadarato

quadrat

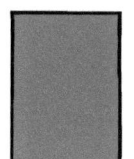

urikiramende

rectangle

inyabutatu

triangle

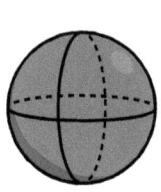

umubumbe

esfera

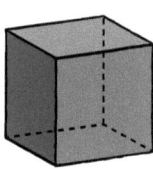

agasandugu

cub

ibara ryera

blanc

ibara ry' umuhondo

groc

ibara risa n' umucungwe

taronja

ibara rya rose

rosa

ibara ritukura

vermell

ibara rya mauve

lila

ibara ry' ubururu

blau

ibara ry'icatsi kibisi

verd

ibara ry' igihogo

marró

ibara rya gris

gris

ibara ryirabura

negre

vyinshi / bikeyi

molt / poc

washavuye / utekereje

emprenyat / tranquil

mwiza / mubi

bonic / lleig

intanguriro / iherezo

començament / fi

kinini / gitoyi

gran / petit

gikeye / cijimye

clar / fosc

musaza w' umuntu / mushiki w' umuntu

germà / germana

gisukuye / gicafuye

net / brut

gikwiye / gicagatiye

complet / incomplet

umunsi / ijoro

dia / nit

wapfuye / ariho

mort / viu

cagutse / caga

ample / estret

kiryoshe / kibishe

comestible / immenjable

umutima mubi / umutima mwiza

dolent / amable

anezerewe / arambiwe

entusiasmat / entediat

kivyibushe / conze

gros / prim

cambere / canyuma

primer / darrer

umugenzi / umwansi

amic / enemic

cuzuye / kiri gusa

ple / buit

kigumye / coroshe

dur / tou

kiremereye / gihwahutse

pesant / lleuger

inzara / inyota

gana / set

arwaye / akomeye

malalt / sà

cemewe n'amategeko / kitemewe n'amategeko

il·legal / legal

incabwenge / ikijuju

intel·ligent / ximple

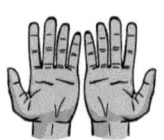

ibubamfu / iburyo

esquerra / dreta

hafi / kure

prop / llunyà

gishasha / gishaje

nou / usat

ntaco / kiriho

res / quelcom

umutama / urwaruka

vell / jove

kwatsa / kuzimya

encès / apagat

kugurura / kugara

obert / tancat

gitekereje / gifise urwamo

silenciós / sorollós

umutunzi / umukene

ric / pobre

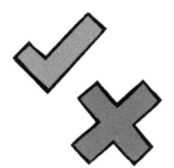

nivyo / sivyo

correcte / incorrecte

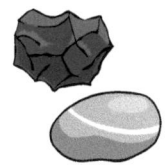

kigoramye / kigororotse

aspre / suau

ashavuye / anezerewe

trist / content

kigufi / kirekire

curt / llarg

kigenda bukebuke / kinyaruka

lent / ràpid

gitose / cumye

humit / sec - eixut

gishushe buhoro / gikanye buhoro

calent / fred

intambara / amahoro

guerra / pau

0

ubusa

zero

1

rimwe

u

2

kabiri

dos

3

gatatu

tres

4

kane

quatre

5

gatanu

cinc

6

gatandatu

sis

7

indwi

set

8

umunani

vuit

9

icenda

nou

10

cumi

deu

11

cumi na rimwe

onze

12

cumi na kabiri

dotze

13

cumi na gatatu

tretze

14

cumi na kane

catorze

15

cumi na gatanu

quinze

16

cumi na gatandatu

setze

17

cumi n' indwi

disset

18

cumi n' umunani

divuit

19

cumi n' icenda

dinou

20

mirongo ibiri

vint

100

ijana

cent

1.000

igihumbi

mil

1.000.000

umuriyoni

milió

Icongereza

anglès

Icongereza co muri Amerika

anglès americà

Mandare kivugwa mu bushinwa

xinès mandarí

Igihinde

hindi

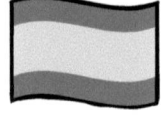

Ikispaniya

espanyol

Igifaransa

francès

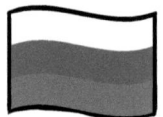

Icarabu

àrab

Ikirusiya

rus

Igiporitigare

portuguès

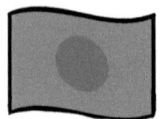

Ikibengare

bengalí

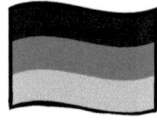

Ikidage

alemany

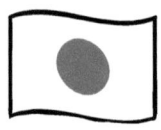

Ikiyapani

japonès

jewe

jo

wewe

tu

we / we / co

ell / ella / allò

twebwe

nosaltres

mwebwe

vosaltres

bo

ells

inde?

qui?

iki?

què?

gute?

com?

hehe?

on?

ryari?

quan?

izina

nom

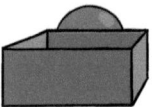

inyuma ya

darrere

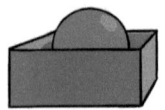

indani ya

en

imbere ya

davant de

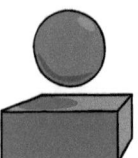

hejuru ya

damunt

ku

sobre

munsi ya

sota

mu mbavu ya

al costat

hagati ya

entre

ikibanza

lloc